TRANSLATED

Translated Language Learning

La Petite Sirène

The Little Mermaid

Hans Christian Andersen

Français / English

Copyright © 2023 Tranzlaty
All rights reserved.
Published by Tranzlaty
ISBN: 978-1-83566-280-9
Original text by Hans Christian Andersen
Den Lille Havfrue
First published in Danish in 1837
www.tranzlaty.com

La Petite Sirène
The Little Mermaid

Loin dans l'océan, là où l'eau est bleue
Far out in the ocean, where the water is blue
Ici, l'eau est aussi bleue que le plus joli des bleuets
here the water is as blue as the prettiest cornflower
et l'eau est aussi claire que le cristal le plus pur
and the water is as clear as the purest crystal
Cette eau, loin dans l'océan, est très, très profonde
this water, far out in the ocean is very, very deep
l'eau si profonde, en effet, qu'aucun câble ne pouvait atteindre le fond
water so deep, indeed, that no cable could reach the bottom
Vous pourriez empiler de nombreux clochers d'église les uns sur les autres
you could pile many church steeples upon each other
mais ils n'atteindraient pas la surface de l'eau
but they would not reach the surface of the water
C'est là qu'habitent le roi des mers et ses sujets
There dwell the Sea King and his subjects
Vous pourriez penser que c'est juste du sable jaune nu au fond
you might think it is just bare yellow sand at the bottom
mais il ne faut pas s'imaginer qu'il n'y a rien là
but we must not imagine that there is nothing there
Sur ce sable poussent les fleurs et les plantes les plus étranges
on this sand grow the strangest flowers and plants
Et vous ne pouvez pas imaginer à quel point les feuilles et les tiges sont souples
and you can't imagine how pliant the leaves and stems are
la moindre agitation de l'eau les fait remuer
the slightest agitation of the water causes them to stir
C'est comme si chaque feuille avait une vie qui lui était propre

it is as if each leaf had a life of their own
Les poissons, petits et grands, glissent entre les branches
Fishes, both large and small, glide between the branches
tout comme lorsque les oiseaux volent parmi les arbres ici sur la terre ferme
just like when birds fly among the trees here upon land

Dans l'endroit le plus profond de tous se dresse un beau château
In the deepest spot of all stands a beautiful castle
ce beau château est le château du Roi des Mers
this beautiful castle is the castle of the Sea King
Les murs du château sont construits en corail
the walls of the castle are built of coral
et les longues fenêtres gothiques sont de l'ambre le plus clair
and the long Gothic windows are of the clearest amber
Le toit du château est formé de coquillages
The roof of the castle is formed of sea shells
et les coquilles s'ouvrent et se ferment au fur et à mesure que l'eau coule dessus
and the shells open and close as the water flows over them
Leur apparence est plus belle qu'on ne peut le décrire
Their appearance is more beautiful than can be described
À l'intérieur de chaque coquillage, il y a une perle scintillante
within each shell there lies a glittering pearl
et chaque perle serait digne du diadème d'une reine
and each pearl would be fit for the diadem of a queen

Le Sea King était veuf depuis de nombreuses années
The Sea King had been a widower for many years
et sa vieille mère gardait la maison pour lui
and his aged mother kept house for him
C'était une femme très sensée
She was a very sensible woman

mais elle était extrêmement fière de sa haute naissance
but she was exceedingly proud of her high birth
et c'est pour cela qu'elle portait douze huîtres à la queue
and on that account she wore twelve oysters on her tail
D'autres de haut rang n'étaient autorisés à porter que six huîtres
others of high rank were only allowed to wear six oysters
Elle méritait cependant de très grands éloges
She was, however, deserving of very great praise
Il y avait quelque chose pour lequel elle méritait particulièrement des éloges
there was something she especially deserved praise for
Elle a pris grand soin des petites princesses de la mer
she took great care of the the little sea princesses
Elle avait six petites-filles qu'elle aimait
she had six granddaughters that she loved
Toutes les princesses de la mer étaient de beaux enfants
all the sea princesses were beautiful children
Mais la plus jeune princesse des mers était la plus jolie d'entre elles
but the youngest sea princess was the prettiest of them
Sa peau était aussi claire et délicate qu'une feuille de rose
Her skin was as clear and delicate as a rose leaf
et ses yeux étaient bleus comme la mer la plus profonde
and her eyes were as blue as the deepest sea
mais, comme toutes les autres, elle n'avait pas de pieds
but, like all the others, she had no feet
et au bout de son corps il y avait une queue de poisson
and at the end of her body was a fish's tail

Toute la journée, ils jouaient dans les grandes salles du château
All day long they played in the great halls of the castle
Des murs du château poussaient de belles fleurs
out of the walls of the castle grew beautiful flowers
Et elle aimait aussi jouer parmi les fleurs vivantes

and she loved to play among the living flowers, too
Les grandes fenêtres d'ambre étaient ouvertes, et les poissons nageaient à l'intérieur
The large amber windows were open, and the fish swam in
C'est comme quand on laisse les fenêtres ouvertes
it is just like when we leave the windows open
Et puis les jolies hirondelles s'envolent dans nos maisons
and then the pretty swallows fly into our houses
Seuls les poissons nageaient jusqu'aux princesses
only the fishes swam up to the princesses
Ils étaient les seuls à manger dans leurs mains
they were the only ones that ate out of their hands
et ils se laissèrent caresser par eux
and they allowed themselves to be stroked by them

À l'extérieur du château, il y avait un beau jardin
Outside the castle there was a beautiful garden
Dans le jardin poussaient des fleurs rouge vif et bleu foncé
in the garden grew bright-red and dark-blue flowers
et là poussèrent des fleurs comme des flammes de feu
and there grew blossoms like flames of fire
Les fruits des plantes scintillaient comme de l'or
the fruit on the plants glittered like gold
et les feuilles et les tiges s'agitaient continuellement çà et là
and the leaves and stems continually waved to and fro
La terre sur le sol était le sable le plus fin
The earth on the ground was the finest sand
mais il n'a pas la couleur du sable que nous connaissons
but it does not have the colour of the sand we know
Il est bleu comme la flamme du soufre brûlant
it is as blue as the flame of burning sulphur
Au-dessus de tout s'étendait un éclat bleu particulier
Over everything lay a peculiar blue radiance
C'est comme si le ciel bleu était partout
it is as if the blue sky were everywhere
le bleu du ciel était au-dessus et au-dessous

the blue of the sky was above and below
Par temps calme, le soleil pouvait être vu
In calm weather the sun could be seen
De là, le soleil ressemblait à une fleur rouge-violet
from here the sun looked like a reddish-purple flower
et la lumière jaillissait du calice de la fleur
and the light streamed from the calyx of the flower

Le jardin du palais était divisé en plusieurs parties
the palace garden was divided into several parts
Chacune des princesses avait son petit lopin de terre
Each of the princesses had their own little plot of ground
Sur cette parcelle, ils pouvaient planter toutes les fleurs qu'ils voulaient
on this plot they could plant whatever flowers they pleased
Une princesse a arrangé son parterre de fleurs en forme de baleine
one princess arranged her flower bed in the form of a whale
Une princesse arrangeait ses fleurs comme une petite sirène
one princess arranged her flowers like a little mermaid
et le plus jeune enfant fit roncer son jardin, comme le soleil
and the youngest child made her garden round, like the sun
et dans son jardin poussaient de belles fleurs rouges
and in her garden grew beautiful red flowers
Ces fleurs étaient aussi rouges que les rayons du soleil couchant
these flowers were as red as the rays of the sunset

C'était une enfant étrange ; Calme et réfléchi
She was a strange child; quiet and thoughtful
Ses sœurs se réjouissaient de ces choses merveilleuses
her sisters showed delight at the wonderful things
les choses qu'ils tiraient des épaves des navires
the things they obtained from the wrecks of vessels
mais elle ne s'occupait que de ses jolies fleurs rouges
but she cared only for her pretty red flowers

bien qu'il y ait aussi une belle statue en marbre
although there was also a beautiful marble statue
C'était la représentation d'un beau garçon
It was the representation of a handsome boy
Il avait été taillé dans une pierre d'un blanc pur
it had been carved out of pure white stone
et il était tombé au fond de la mer à la suite d'un naufrage
and it had fallen to the bottom of the sea from a wreck
cette statue en marbre d'un garçon qu'elle aimait aussi
this marble statue of a boy she cared about too

Elle planta, près de la statue, un saule pleureur de couleur rose
She planted, by the statue, a rose-colored weeping willow
et bientôt le saule suspendit ses branches fraîches au-dessus de la statue
and soon the willow hung its fresh branches over the statue
Les branches descendaient presque jusqu'au sable bleu
the branches almost reached down to the blue sands
Les ombres de l'arbre avaient la couleur du violet
The shadows of the tree had the color of violet
et les ombres ondulaient çà et là comme les branches
and the shadows waved to and fro like the branches
Tout cela créait l'illusion la plus intéressante
all of this created the most interesting illusion
comme si la cime de l'arbre et les racines jouaient
as if the crown of the tree and the roots were playing
On aurait dit qu'ils essayaient de s'embrasser
it looked as if they were trying to kiss each other

Son plus grand plaisir était d'entendre parler du monde d'en haut
her greatest pleasure was hearing about the world above
le monde au-dessus de la mer profonde dans laquelle elle vivait
the world above the deep sea she lived in

Elle a demandé à sa vieille grand-mère de tout lui raconter
She made her old grandmother tell her all about it
les navires et les villes, les gens et les animaux
the ships and the towns, the people and the animals
Là-haut, les fleurs de la terre avaient des parfums
up there the flowers of the land had fragrance
Les fleurs au-dessous de la mer n'avaient pas de parfum
the flowers below the sea had no fragrance
Là-haut, les arbres de la forêt étaient verts
up there the trees of the forest were green
et les poissons dans les arbres pouvaient chanter magnifiquement
and the fishes in the trees could sing beautifully
Là-haut, c'était un plaisir d'écouter les poissons
up there it was a pleasure to listen to the fish
Sa grand-mère appelait les oiseaux des poissons
her grandmother called the birds fishes
sinon la petite sirène n'aurait pas compris
else the little mermaid would not have understood
parce que la petite sirène n'avait jamais vu d'oiseaux
because the little mermaid had never seen birds

Sa grand-mère lui a parlé des rites des sirènes
her grandmother told her about the rites of mermaids
«Un jour, tu atteindras ta quinzième année»
"one day you will reach your fifteenth year"
«Alors tu auras la permission d'aller à la surface»
"then you will have permission to go to the surface"
«Tu pourras t'asseoir sur les rochers au clair de lune»
"you will be able to sit on the rocks in the moonlight"
«Et tu verras passer les grands navires»
"and you will see the great ships go sailing by"
«Alors tu verras les forêts, les villes et les gens»
"Then you will see forests and towns and the people"

L'année suivante, l'une des sœurs aura quinze ans

the following year one of the sisters would be fifteen
mais chaque sœur avait un an de moins que l'autre
but each sister was a year younger than the other
La cadette devra attendre cinq ans avant son tour
the youngest would have to wait five years before her turn
Ce n'est qu'à ce moment-là qu'elle pourrait renaître du fond de l'océan
only then could she rise up from the bottom of the ocean
et ce n'est qu'alors qu'elle pourrait voir la terre comme nous le faisons
and only then could she see the earth as we do
Cependant, chacune des sœurs s'est fait une promesse
However, each of the sisters made each other a promise
Ils allaient raconter aux autres ce qu'ils avaient vu
they were going to tell the others what they had seen
Leur grand-mère ne pouvait pas leur en dire assez
Their grandmother could not tell them enough
Il y avait tellement de choses qu'ils voulaient savoir
there were so many things they wanted to know about

C'est la plus jeune des sœurs qui attendait le plus son tour
the youngest sister longed for her turn the most
Mais, elle a dû attendre plus longtemps que toutes les autres
but, she had to wait longer than all the others
Et elle était si calme et pensive sur le monde
and she was so quiet and thoughtful about the world
Il y avait de nombreuses nuits où elle se tenait près de la fenêtre ouverte
there were many nights where she stood by the open window
Et elle leva les yeux à travers l'eau bleu foncé
and she looked up through the dark blue water
Et elle regardait les poissons s'éclabousser avec leurs nageoires
and she watched the fish as they splashed with their fins
Elle pouvait voir la lune et les étoiles briller faiblement
She could see the moon and stars shining faintly

Mais des profondeurs de l'eau, ces choses ont l'air différentes
but from deep below the water these things look different
La lune et les étoiles semblaient plus grandes qu'elles ne le sont à nos yeux
the moon and stars looked larger than they do to our eyes
Parfois, quelque chose comme un nuage noir passait
sometimes, something like a black cloud went past
Elle savait qu'il pouvait s'agir d'une baleine nageant au-dessus de sa tête
she knew that it could be a whale swimming over her head
Ou il pourrait s'agir d'un navire, rempli d'êtres humains
or it could be a ship, full of human beings
des êtres humains qui ne pouvaient pas imaginer ce qu'il y avait en dessous d'eux
human beings who couldn't imagine what was under them
une jolie petite sirène tendant ses mains blanches
a pretty little mermaid holding out her white hands
une jolie petite sirène tendant la main vers leur vaisseau
a pretty little mermaid reaching towards their ship

***

Le jour est venu où l'aînée a fêté son quinzième anniversaire
the day came when the eldest had her fifteenth birthday
Maintenant, elle était autorisée à remonter à la surface de l'océan
now she was allowed to rise to the surface of the ocean
Et cette nuit-là, elle remonta à la surface à la nage
and that night she swum up to the surface
Vous pouvez imaginer tout ce qu'elle a vu là-haut
you can imagine all the things she saw up there
Et vous pouvez imaginer toutes les choses dont elle avait à parler
and you can imagine all the things she had to talk about
Mais la meilleure chose, disait-elle, était de s'allonger sur un

banc de sable
But the finest thing, she said, was to lie on a sand bank
dans la mer tranquille au clair de lune, près du rivage
in the quiet moonlit sea, near the shore
De là, elle avait contemplé les lumières sur la terre
from there she had gazed at the lights on the land
C'étaient les lumières de la ville voisine
they were the lights of the near-by town
Les lumières scintillaient comme des centaines d'étoiles
the lights had twinkled like hundreds of stars
Elle avait écouté les sons de la musique de la ville
she had listened to the sounds of music from the town
Elle avait entendu des bruits de voitures tirées par leurs chevaux
she had heard noise of carriages drawn by their horses
et elle avait entendu les voix des êtres humains
and she had heard the voices of human beings
et ils avaient entendu le joyeux tintement des cloches
and the had heard merry pealing of the bells
les cloches qui sonnent dans les clochers de l'église
the bells ringing in the church steeples
mais elle ne pouvait pas s'approcher de toutes ces choses merveilleuses
but she could not go near all these wonderful things
Aussi désirait-elle d'autant plus ces choses merveilleuses
so she longed for these wonderful things all the more

Vous pouvez imaginer avec quel empressement la plus jeune des sœurs a écouté
you can imagine how eagerly the youngest sister listened
Les descriptions du monde supérieur étaient comme un rêve
the descriptions of the upper world were like a dream
Ensuite, elle se tint à la fenêtre ouverte de sa chambre
afterwards she stood at the open window of her room
Et elle regarda à la surface, à travers l'eau bleu foncé
and she looked to the surface, through the dark-blue water

Elle pensa à la grande ville dont sa sœur lui avait parlé
she thought of the great city her sister had told her of
La grande ville avec toute son agitation et son bruit
the great city with all its bustle and noise
Elle croyait même entendre le son des cloches
she even fancied she could hear the sound of the bells
Elle imaginait que leur son se transportait jusqu'aux profondeurs de la mer
she imagined their sound carried to the depths of the sea

Au bout d'un an, la deuxième sœur fêtait son anniversaire
after another year the second sister had her birthday
Elle aussi a reçu la permission de remonter à la surface
she too received permission to rise to the surface
et de là, elle pouvait nager où bon lui semblait
and from there she could swim about where she pleased
Elle était remontée à la surface juste au moment où le soleil se couchait
She had gone to the surface just as the sun was setting
C'était, disait-elle, le plus beau spectacle de tous
this, she said, was the most beautiful sight of all
Le ciel tout entier ressemblait à un disque d'or pur
The whole sky looked like a disk of pure gold
et il y avait des nuages violets et roses
and there were violet and rose-colored clouds
Ils étaient trop beaux pour être décrits, a-t-elle dit
they were too beautiful to describe, she said
Et elle a dit comment les nuages dérivaient dans le ciel
and she said how the clouds drifted across the sky
et quelque chose avait filé plus vite que les nuages
and something had flown by more swiftly than the clouds
Une grande volée de cygnes sauvages s'envolait vers le soleil couchant
a large flock of wild swans flew toward the setting sun
Les cygnes avaient été comme un long voile blanc sur la mer
the swans had been like a long white veil across the sea

Elle avait également essayé de nager vers le soleil
She had also tried to swim towards the sun
mais à quelque distance, le soleil s'enfonçait dans les flots
but some distance away the sun sank into the waves
Elle a vu comment les teintes roses s'estompaient des nuages
she saw how the rosy tints faded from the clouds
Et elle vit que la couleur de la mer s'était aussi fanée
and she saw how the colour had also faded from the sea

L'année suivante, c'était au tour de la troisième sœur
the next year it was the third sister's turn
Cette sœur était la plus hardie de toutes les sœurs
this sister was the boldest of all the sisters
Elle remonta à la nage une large rivière qui se jetait dans la mer
she swam up a broad river that emptied into the sea
Sur les rives de la rivière, elle vit des collines verdoyantes
On the banks of the river she saw green hills
Les collines verdoyantes étaient couvertes de belles vignes
the green hills were covered with beautiful vines
et sur les collines il y avait des forêts d'arbres
and on the hills there were forests of trees
et des forêts surgirent des palais et des châteaux
and out of the forests palaces and castles poked out
Elle avait entendu des oiseaux chanter dans les arbres
She had heard birds singing in the trees
et elle avait senti les rayons du soleil sur sa peau
and she had felt the rays of the sun on her skin
Les rayons étaient si forts qu'elle a dû replonger
the rays were so strong that she had to dive back
Et elle rafraîchit son visage brûlant dans l'eau fraîche
and she cooled her burning face in the cool water
Dans un ruisseau étroit, elle trouva un groupe de petits enfants
In a narrow creek she found a group of little children
C'étaient les premiers enfants humains qu'elle avait jamais

vus
they were the first human children she had ever seen
Elle voulait aussi jouer avec les enfants
She wanted to play with the children too
mais les enfants s'enfuirent loin d'elle dans une grande frayeur
but the children fled from her in a great fright
Et puis un petit animal noir est venu à l'eau
and then a little black animal came to the water
C'était un chien, mais elle ne savait pas que c'était un chien
it was a dog, but she did not know it was a dog
parce qu'elle n'avait jamais vu de chien auparavant
because she had never seen a dog before
Et le chien aboya furieusement après la sirène
and the dog barked at the mermaid furiously
Elle a pris peur et s'est précipitée vers le large
she became frightened and rushed back to the open sea
Mais elle a dit qu'elle ne devrait jamais oublier la belle forêt
But she said she should never forget the beautiful forest
Les collines verdoyantes et les jolis enfants
the green hills and the pretty children
Elle trouvait exceptionnellement drôle la façon dont ils nageaient
she found it exceptionally funny how they swam
parce que les petits enfants humains n'avaient pas de queue
because the little human children didn't have tails
Alors, avec leurs petites jambes, ils donnaient des coups de pied dans l'eau
so with their little legs they kicked the water

La quatrième sœur était plus timide que la précédente
The fourth sister was more timid than the last
Elle avait décidé de rester au milieu de la mer
She had decided to stay in the midst of the sea
mais elle dit que c'était aussi beau là-bas que près de la terre
but she said it was as beautiful there as nearer the land

De la surface, elle pouvait voir à plusieurs kilomètres autour d'elle
from the surface she could see many miles around her
Le ciel au-dessus d'elle ressemblait à une cloche de verre
the sky above her looked like a bell of glass
et elle avait vu passer les navires
and she had seen the ships sail by
mais ils étaient à une très grande distance d'elle
but they were at a very great distance from her
et, avec leurs voiles, ils ressemblaient à des mouettes
and, with their sails, they looked like sea gulls
Elle a vu comment les dauphins jouaient dans les vagues
she saw how the dolphins played in the waves
et les grandes baleines crachaient de l'eau de leurs narines
and great whales spouted water from their nostrils
comme une centaine de fontaines qui jouent toutes ensemble
like a hundred fountains all playing together

L'anniversaire de la cinquième sœur a eu lieu en hiver
The fifth sister's birthday occurred in the winter
Elle a donc vu des choses que les autres n'avaient pas vues
so she saw things that the others had not seen
À cette époque de l'année, la mer était verte
at this time of the year the sea looked green
De gros icebergs flottaient sur l'eau verte
large icebergs were floating on the green water
Et chaque iceberg ressemblait à une perle, a-t-elle dit
and each iceberg looked like a pearl, she said
mais elles étaient plus grandes et plus hautes que les églises
but they were larger and loftier than the churches
et ils étaient des formes les plus intéressantes
and they were of the most interesting shapes
et chaque iceberg scintillait comme des diamants
and each iceberg glittered like diamonds
Elle s'était assise sur l'un des icebergs

She had seated herself on one of the icebergs
et elle laissa le vent jouer avec ses longs cheveux
and she let the wind play with her long hair
Elle remarqua quelque chose d'intéressant à propos des navires
She noticed something interesting about the ships
Tous les navires ont navigué très rapidement devant les icebergs
all the ships sailed past the icebergs very rapidly
et ils s'éloignèrent aussi loin qu'ils purent
and they steered away as far as they could
C'était comme s'ils avaient peur de l'iceberg
it was as if they were afraid of the iceberg
Il est resté en mer jusque tard dans la soirée
she stayed out at sea into the evening
Le soleil s'est couché et des nuages sombres ont couvert le ciel
the sun went down and dark clouds covered the sky
Le tonnerre grondait sur l'océan d'icebergs
the thunder rolled across the ocean of icebergs
et les éclairs brillaient en rouge sur les icebergs
and the flashes of lightning glowed red on the icebergs
et ils ont été ballottés par la mer déchaînée
and they were tossed about by the heaving sea
tous les vaisseaux, les voiles, tremblaient de peur
all the ships the sails were trembling with fear
Et la sirène s'assit calmement sur l'iceberg flottant
and the mermaid sat calmly on the floating iceberg
Elle regarda la foudre frapper la mer
she watched the lightning strike into the sea

Ses cinq sœurs aînées avaient toutes grandi maintenant
All of her five older sisters had grown up now
par conséquent, ils pouvaient remonter à la surface quand bon leur semblait
therefore they could go to the surface when they pleased

Au début, ils étaient enchantés par le monde de la surface
at first they were delighted with the surface world
Ils ne pouvaient pas se lasser des nouveaux et beaux sites
they couldn't get enough of the new and beautiful sights
mais ils finirent tous par s'y indifférence
but eventually they all grew indifferent towards it
Et au bout d'un mois, ils ne visitaient plus grand-chose
and after a month they didn't visit much at all anymore
Ils ont dit à leur sœur que c'était beaucoup plus beau à la maison
they told their sister it was much more beautiful at home

Pourtant, souvent, le soir, ils montaient
Yet often, in the evening hours, they did go up
Les cinq sœurs s'enlacèrent les bras l'une de l'autre
the five sisters twined their arms about each other
Et ensemble, bras dessus, bras dessous, ils remontèrent à la surface
and together, arm in arm, they rose to the surface
Souvent, ils montaient quand il y avait un orage qui approchait
often they went up when there was a storm approaching
Ils craignaient que la tempête ne gagne un navire
they feared that the storm might win a ship
Ils nageaient donc jusqu'au navire et chantaient pour les matelots
so they swam to the vessel and sung to the sailors
Leurs voix étaient plus charmantes que celles de n'importe quel humain
Their voices were more charming than that of any human
et ils prièrent les voyageurs de ne pas craindre s'ils coulaient
and they begged the voyagers not to fear if they sank
parce que les profondeurs de la mer étaient pleines de délices
because the depths of the sea was full of delights
Mais les marins ne comprenaient pas leurs chants

But the sailors could not understand their songs
et ils pensaient que leur chant était le soupir de la tempête
and they thought their singing was the sighing of the storm
C'est pourquoi leurs chants n'ont jamais été beaux pour les marins
therefore their songs were never beautiful to the sailors
parce que si le navire coulait, les hommes se noieraient
because if the ship sank the men would drown
les morts n'ont rien gagné du palais du Roi des Mers
the dead gained nothing from the palace of the Sea King
mais leur plus jeune sœur fut laissée au fond de la mer
but their youngest sister was left at the bottom of the sea
En les regardant, elle était prête à pleurer
looking up at them, she was ready to cry
Vous devez savoir que les sirènes n'ont pas de larmes qu'elles peuvent pleurer
you should know mermaids have no tears that they can cry
Sa douleur et sa souffrance étaient donc plus aiguës que les nôtres
so her pain and suffering was more acute than ours
— Oh! je voudrais avoir quinze ans! dit-elle
"Oh, I wish I was also fifteen years old!" said she
«Je sais que j'aimerai le monde là-haut»
"I know that I shall love the world up there"
«Et j'aimerai tous les gens qui vivent dans ce monde»
"and I shall love all the people who live in that world"

***

mais, enfin, elle aussi atteignit sa quinzième année
but, at last, she too reached her fifteenth year
— Eh bien, maintenant tu es grande, dit sa grand-mère
"Well, now you are grown up," said her grandmother
«Viens, et laisse-moi te parer comme tes sœurs»
"Come, and let me adorn you like your sisters"
Et elle déposa une couronne de lys blancs dans ses cheveux

And she placed a wreath of white lilies in her hair
Chaque pétale des lys était une demi-perle
every petal of the lilies was half a pearl
Alors, la vieille dame ordonna à huit grandes huîtres de venir
Then, the old lady ordered eight great oysters to come
Les huîtres s'attachèrent à la queue de la princesse
the oysters attached themselves to the tail of the princess
Les huîtres sous la mer sont utilisées pour montrer votre rang
under the sea oysters are used to show your rank
«Mais ils m'ont fait tellement de mal», dit la petite sirène
"But they hurt me so," said the little mermaid
— Oui, je sais que les huîtres font mal, répondit la vieille dame
"Yes, I know oysters hurt," replied the old lady
«Mais vous savez bien que l'orgueil doit souffrir»
"but you know very well that pride must suffer pain"
avec quelle joie elle se serait débarrassée de toute cette grandeur
how gladly she would have shaken off all this grandeur
Elle aurait adoré mettre de côté la lourde couronne!
she would have loved to lay aside the heavy wreath!
Elle pensa aux fleurs rouges de son propre jardin
she thought of the red flowers in her own garden
Les fleurs rouges lui auraient beaucoup mieux convenu
the red flowers would have suited her much better
Mais elle ne pouvait pas se changer en quelque chose d'autre
But she could not change herself into something else
Elle a donc fait ses adieux à sa grand-mère et à ses sœurs
so she said farewell to her grandmother and sisters
et, aussi légère qu'une bulle, elle remonta à la surface
and, as lightly as a bubble, she rose to the surface

Le soleil venait de se coucher lorsqu'elle leva la tête au-dessus des vagues
The sun had just set when she raised her head above the waves
Les nuages étaient teintés de pourpre et d'or dès le coucher du soleil
The clouds were tinted with crimson and gold from the sunset
et à travers le crépuscule scintillant rayonnait l'étoile du soir
and through the glimmering twilight beamed the evening star
La mer était calme, et l'air marin était doux et frais
The sea was calm, and the sea air was mild and fresh
Un grand navire à trois mâts gisait immobilisé sur l'eau
A large ship with three masts lay becalmed on the water
On ne mit qu'une seule voile, car pas une brise ne s'agita
only one sail was set, for not a breeze stirred
et les matelots restaient inactifs sur le pont, ou au milieu du gréement
and the sailors sat idle on deck, or amidst the rigging
Il y avait de la musique et des chants à bord du navire
There was music and song on board of the ship
À la tombée de la nuit, une centaine de lanternes colorées s'allumèrent
as darkness came a hundred colored lanterns were lighted
C'était comme si les drapeaux de toutes les nations flottaient dans les airs
it was as if the flags of all nations waved in the air

La petite sirène nageait près des fenêtres de la cabine
The little mermaid swam close to the cabin windows
De temps en temps, les vagues de la mer la soulevaient
now and then the waves of the sea lifted her up
Elle pouvait regarder à travers les vitres des fenêtres
she could look in through the glass window-panes
et elle pouvait voir un certain nombre de gens curieusement vêtus
and she could see a number of curiously dressed people

Parmi les gens qu'elle pouvait voir, il y avait un jeune prince
Among the people she could see there was a young prince
Le prince était le plus beau de tous
the prince was the most beautiful of them all
Elle n'avait jamais vu quelqu'un avec de si beaux yeux
she had never seen anyone with such beautiful eyes
C'était la fête de son seizième anniversaire
it was the celebration of his sixteenth birthday
Les matelots dansaient sur le pont du navire
The sailors were dancing on the deck of the ship
Tout le monde applaudit quand le prince sortit de la cabine
all cheered when the prince came out of the cabin
et plus d'une centaine de fusées se sont élevées dans les airs
and more than a hundred rockets rose into the air
Pendant un certain temps, les feux d'artifice ont rendu le ciel aussi lumineux que le jour
for some time the fireworks made the sky as bright as day
Bien sûr, notre jeune sirène n'avait jamais vu de feux d'artifice auparavant
of course our young mermaid had never seen fireworks before
Effrayée par tout ce bruit, elle a replongé sous l'eau
startled by all the noise, she dived back under water
mais bientôt elle allongea de nouveau la tête
but soon she again stretched out her head
C'était comme si toutes les étoiles du ciel tombaient autour d'elle
it was as if all the stars of heaven were falling around her
De splendides lucioles s'envolaient dans l'air bleu
splendid fireflies flew up into the blue air
et tout se reflétait dans la mer claire et calme
and everything was reflected in the clear, calm sea
Le vaisseau lui-même était brillamment éclairé par toute la lumière
The ship itself was brightly illuminated by all the light
Elle pouvait voir tous les gens et même la plus petite corde
she could see all the people and even the smallest rope

Qu'il était beau le jeune prince en remerciant ses invités!
How handsome the young prince looked thanking his guests!
Et la musique résonnait dans l'air pur de la nuit!
and the music resounded through the clear night air!

Les célébrations d'anniversaire ont duré jusque tard dans la nuit
the birthday celebrations lasted late into the night
Mais la petite sirène ne pouvait détacher ses yeux du navire
but the little mermaid could not take her eyes from the ship
Elle ne pouvait pas non plus détacher ses yeux du beau prince
nor could she take her eyes from the beautiful prince
Les lanternes colorées s'étaient éteintes
The colored lanterns had now been extinguished
et il n'y avait plus de fusées qui s'élevaient dans les airs
and there were no more rockets that rose into the air
Le canon du navire avait également cessé de tirer
the cannon of the ship had also ceased firing
Mais maintenant, c'était la mer qui s'agitait
but now it was the sea that became restless
Un gémissement, un grognement se faisait entendre sous les vagues
a moaning, grumbling sound could be heard beneath the waves
Et pourtant, la petite sirène restait près de la fenêtre de la cabine
and yet, the little mermaid remained by the cabin window
Elle se balançait de haut en bas sur l'eau
she was rocking up and down on the water
afin qu'elle puisse continuer à regarder à l'intérieur du vaisseau
so that she could keep looking into the ship
Au bout d'un moment, les voiles ont été rapidement mises en place
After a while the sails were quickly set

Et le navire retourna au port
and the ship went on her way back to port

Mais bientôt les vagues montèrent de plus en plus haut
But soon the waves rose higher and higher
Des nuages sombres et lourds assombrissaient le ciel nocturne
dark, heavy clouds darkened the night sky
Et il y eut des éclairs au loin
and there appeared flashes of lightning in the distance
Non loin de là, une terrible tempête s'approchait
not far away a dreadful storm was approaching
Une fois de plus, les voiles furent abaissées contre le vent
Once more the sails were lowered against the wind
et le grand navire poursuivit sa course sur la mer déchaînée
and the great ship pursued her course over the raging sea
Les vagues s'élevaient aussi haut que les montagnes
The waves rose as high as the mountains
On aurait pu penser que les vagues auraient eu le navire
one would have thought the waves would have had the ship
mais le navire plongea comme un cygne entre les flots
but the ship dived like a swan between the waves
puis elle s'éleva de nouveau sur leurs crêtes hautes et écumantes
then she rose again on their lofty, foaming crests
Pour la petite sirène, c'était un sport agréable
To the little mermaid this was pleasant sport
mais ce n'était pas un sport agréable pour les marins
but it was not pleasant sport to the sailors
Le navire émettait d'horribles gémissements et craquements
the ship made awful groaning and creaking sounds
et les vagues se brisaient sur le pont encore et encore
and the waves broke over the deck again and again
Les planches épaisses cédaient sous les coups de fouet de la mer
the thick planks gave way under the lashing of the sea

Sous la pression, le grand mât se brisa, comme une anche
under the pressure the mainmast snapped asunder, like a reed
et, comme le navire était couché sur le côté, l'eau s'engouffra
and, as the ship lay over on her side, the water rushed in

La petite sirène se rendit compte que l'équipage était en danger
The little mermaid realized that the crew were in danger
Sa propre situation n'était pas non plus sans danger
her own situation wasn't without danger either
Elle devait éviter les poutres et les planches éparpillées dans l'eau
she had to avoid the beams and planks scattered in the water
L'espace d'un instant, tout s'est transformé en obscurité totale
for a moment everything turned into complete darkness
et la petite sirène ne pouvait pas voir où elle était
and the little mermaid could not see where she was
Mais alors un éclair révéla toute la scène
but then a flash of lightning revealed the whole scene
Elle pouvait voir que tout le monde était encore à bord du navire
she could see everyone was still on board of the ship
Eh bien, tout le monde était à bord du navire, sauf le prince
well, everyone was on board of the ship, except the prince
Le navire continua sa route vers la terre ferme
the ship continued on its path to the land
et elle vit le prince s'enfoncer dans les flots profonds
and she saw the prince sink into the deep waves
Pendant un moment, cela la rendit plus heureuse qu'elle n'aurait dû l'être
for a moment this made her happier than it should have
Maintenant qu'il était dans la mer, elle pouvait être avec lui
now that he was in the sea she could be with him
Puis elle s'est souvenue des limites de l'être humain
Then she remembered the limits of human beings

Les gens de la terre ne peuvent pas vivre dans l'eau
the people of the land cannot live in the water
S'il arrivait au palais, il serait déjà mort
if he got to the palace he would already be dead
«Non, il ne faut pas qu'il meure!» décida-t-elle
"No, he must not die!" she decided
elle oublie tout souci de sa propre sécurité
she forget any concern for her own safety
et elle nagea à travers les poutres et les planches
and she swam through the beams and planks
Deux poutres pourraient facilement l'écraser en morceaux
two beams could easily crush her to pieces
Elle a plongé profondément sous les eaux sombres
she dove deep under the dark waters
Tout montait et descendait au gré des vagues
everything rose and fell with the waves
Finalement, elle réussit à atteindre le jeune prince
finally, she managed to reach the young prince
Il perdait rapidement la force de nager dans la mer orageuse
he was fast losing the power to swim in the stormy sea
Ses membres commençaient à lui faire défaut
His limbs were starting to fail him
et ses beaux yeux étaient fermés
and his beautiful eyes were closed
Il serait mort si la petite sirène n'était pas venue
he would have died had the little mermaid not come
Elle lui tenait la tête hors de l'eau
She held his head above the water
et se laisser porter par les vagues où ils voulaient
and let the waves carry them where they wanted

Au matin, l'orage avait cessé
In the morning the storm had ceased
mais on n'apercevait pas un seul fragment du vaisseau
but of the ship not a single fragment could be seen
Le soleil s'est levé, rouge et brillant, hors de l'eau

The sun came up, red and shining, out of the water
Les rayons du soleil avaient un effet curatif sur le prince
the sun's beams had a healing effect on the prince
La teinte de la santé revint sur les joues du prince
the hue of health returned to the prince's cheeks
Mais malgré le soleil, ses yeux restaient fermés
but despite the sun, his eyes remained closed
La sirène baisa son front haut et lisse
The mermaid kissed his high, smooth forehead
Et elle caressa ses cheveux mouillés
and she stroked back his wet hair
Il lui semblait être la statue de marbre de son jardin
He seemed to her like the marble statue in her garden
Elle l'embrassa de nouveau, et souhaita qu'il vive
so she kissed him again, and wished that he lived

Bientôt, ils arrivèrent en vue de la terre
Presently, they came in sight of land
et elle vit de hautes montagnes bleues à l'horizon
and she saw lofty blue mountains on the horizon
Au sommet des montagnes, la neige blanche reposait
on top of the mountains the white snow rested
comme si une volée de cygnes était couchée sur eux
as if a flock of swans were lying upon them
De belles forêts verdoyantes se trouvaient près du rivage
Beautiful green forests were near the shore
et tout près de là s'élevait un grand bâtiment
and close by there stood a large building
Il aurait pu s'agir d'une église ou d'un couvent
it could have been a church or a convent
mais elle était encore trop loin pour en être sûre
but she was still too far away to be sure
Des orangers et des cédrats poussaient dans le jardin
Orange and citron trees grew in the garden
et devant la porte se dressaient de hautes palmes
and before the door stood lofty palms

La mer formait ici une petite baie
The sea here formed a little bay
Dans la baie, l'eau était calme et immobile
in the bay the water lay quiet and still
mais bien que l'eau fût calme, elle était très profonde
but although the water was still, it was very deep
Elle nagea avec le beau prince jusqu'à la plage
She swam with the handsome prince to the beach
La plage était recouverte de sable blanc et fin
the beach was covered with fine white sand
Et là, elle le coucha au chaud soleil
and there she laid him in the warm sunshine
Elle prit soin de relever sa tête plus haut que son corps
she took care to raise his head higher than his body
Puis les cloches sonnèrent dans le grand bâtiment blanc
Then bells sounded in the large white building
Des jeunes filles entrèrent dans le jardin
some young girls came into the garden
La petite sirène s'éloigna du rivage à la nage
The little mermaid swam out farther from the shore
Elle se cacha parmi de hauts rochers dans l'eau
she hid herself among some high rocks in the water
elle couvrit sa tête et son cou de l'écume de la mer
she Covered her head and neck with the foam of the sea
Et elle guettait pour voir ce qu'il adviendrait du pauvre prince
and she watched to see what would become of the poor prince

Elle ne tarda pas à voir une jeune fille s'approcher
It was not long before she saw a young girl approach
La jeune fille parut d'abord effrayée
the young girl seemed frightened, at first
Mais sa peur ne dura qu'un instant
but her fear only lasted for a moment
Puis elle a fait venir un certain nombre de personnes
then she brought over a number of people

Et la sirène vit que le prince revenait à la vie
and the mermaid saw that the prince came to life again
Il souriait à ceux qui se tenaient autour de lui
he smiled upon those who stood around him
Mais à la petite sirène, le prince n'adressa aucun sourire
But to the little mermaid the prince sent no smile
Il ne savait pas qu'elle l'avait sauvé
he knew not that she had saved him
Cela rendit la petite sirène très triste
This made the little mermaid very sorrowful
puis on l'emmena dans le grand bâtiment
and then he was led away into the great building
Et la petite sirène plongea dans l'eau
and the little mermaid dived down into the water
et elle retourna au château de son père
and she returned to her father's castle

***

Elle avait toujours été la plus silencieuse et la plus réfléchie
She had always been the most silent and thoughtful
Et maintenant elle était plus silencieuse et pensive que jamais
and now she was more silent and thoughtful than ever
Ses sœurs lui ont demandé ce qu'elle avait vu lors de sa première visite
Her sisters asked her what she had seen on her first visit
mais elle ne put rien leur dire de ce qu'elle avait vu
but she could tell them nothing of what she had seen
Plus d'un soir et d'un matin, elle remonta à la surface
Many an evening and morning she returned to the surface
Et elle se rendit à l'endroit où elle avait laissé le prince
and she went to the place where she had left the prince
Elle a vu les fruits mûrir dans le jardin
She saw the fruits in the garden ripen
et elle regardait les fruits cueillis sur leurs arbres

and she watched the fruits gathered from their trees
Elle regardait la neige fondre au sommet des montagnes
she watched the snow on the mountain tops melt away
mais, dans aucune de ses visites, elle ne revit le prince
but on none of her visits did she see the prince again
et c'est pourquoi elle revenait toujours plus triste qu'auparavant
and therefore she always returned more sorrowful than before

Son seul réconfort était de s'asseoir dans son propre petit jardin
her only comfort was sitting in her own little garden
Elle jeta ses bras autour de la belle statue de marbre
she flung her arms around the beautiful marble statue
la statue qui ressemblait au prince
the statue which looked just like the prince
Elle avait renoncé à s'occuper de ses fleurs
She had given up tending to her flowers
et son jardin grandissait dans une confusion sauvage
and her garden grew in wild confusion
ils enroulaient leurs longues feuilles et leurs tiges autour des arbres
they twinied their long leaves and stems round the trees
de sorte que tout le jardin devint sombre et lugubre
so that the whole garden became dark and gloomy

Finalement, elle ne pouvait plus le supporter
eventually she could bear it no longer
Et elle en a parlé à l'une de ses sœurs
and she told one of her sisters all about it
Bientôt, les autres sœurs apprirent le secret
soon the other sisters heard the secret
et bientôt son secret fut connu de plusieurs servantes
and very soon her secret became known to several maids
L'une des servantes avait une amie qui connaissait le prince
one of the maids had a friend who knew about the prince

Elle avait également vu le festival à bord du navire
She had also seen the festival on board the ship
Et elle leur dit d'où venait le prince
and she told them where the prince came from
Et elle leur dit où se trouvait son palais
and she told them where his palace stood

— Viens, petite sœur, dirent les autres princesses
"Come, little sister," said the other princesses
ils s'enlacèrent les bras et se levèrent ensemble
they entwined their arms and rose up together
Ils s'approchèrent de l'endroit où se trouvait le palais du prince
they went near to where the prince's palace stood
Le palais a été construit en pierre jaune vif et brillante
the palace was built of bright-yellow, shining stone
et le palais avait de longues volées de marches de marbre
and the palace had long flights of marble steps
l'une des volées de marches descendait jusqu'à la mer
one of the flights of steps reached down to the sea
De splendides coupoles dorées s'élevaient au-dessus du toit
Splendid gilded cupolas rose over the roof
L'ensemble du bâtiment était entouré de piliers
the whole building was surrounded by pillars
et entre les piliers se dressaient des statues de marbre réalistes
and between the pillars stood lifelike statues of marble
Ils pouvaient voir à travers le cristal clair des fenêtres
they could see through the clear crystal of the windows
et ils pouvaient regarder dans les chambres nobles
and they could look into the noble rooms
Des rideaux de soie et des tapisseries coûteux pendaient du plafond
costly silk curtains and tapestries hung from the ceiling
et les murs étaient couverts de belles peintures
and the walls were covered with beautiful paintings

Au centre du plus grand salon se trouvait une fontaine
In the centre of the largest salon was a fountain
La fontaine jetait haut ses jets étincelants
the fountain threw its sparkling jets high up
l'eau éclaboussait la coupole de verre du plafond
the water splashed onto the glass cupola of the ceiling
et le soleil brillait à travers l'eau
and the sun shone in through the water
et l'eau éclaboussait les plantes autour de la fontaine
and the water splashed on the plants around the fountain

Maintenant, la petite sirène savait où demeurait le prince
Now the little mermaid knew where the prince lived
Elle passa donc de nombreuses nuits sur ces eaux
so she spent many a night on those waters
Elle est devenue plus courageuse que ne l'avaient été ses sœurs
she got more courageous than her sisters had been
et elle nagea beaucoup plus près du rivage qu'ils ne l'avaient fait
and she swam much nearer the shore than they had
Une fois, elle remonta l'étroit canal, sous le balcon de marbre
once she went up the narrow channel, under the marble balcony
Le balcon jetait une large ombre sur l'eau
the balcony threw a broad shadow on the water
Là, elle s'assit et regarda le jeune prince
Here she sat and watched the young prince
Lui, bien sûr, pensait qu'il était seul au clair de lune
he, of course, thought he was alone in the bright moonlight

Elle le voyait souvent le soir, naviguant dans un beau bateau
She often saw him evenings, sailing in a beautiful boat
La musique retentissait du bateau et les drapeaux flottaient
music sounded from the boat and the flags waved

Elle jeta un coup d'œil parmi les joncs verts
She peeped out from among the green rushes
Par moments, le vent surprenait son long voile blanc argenté
at times the wind caught her long silvery-white veil
Ceux qui l'ont vu ont cru que c'était un cygne
those who saw it believed it to be a swan
Il avait toute l'apparence d'un cygne déployant ses ailes
it had all the appearance of a swan spreading its wings

Bien des nuits, elle regardait aussi les pêcheurs tendre leurs filets
Many a night, too, she watched the fishermen set their nets
ils jettent leurs filets à la lueur de leurs torches
they cast their nets in the light of their torches
et elle les entendit dire beaucoup de bien du prince
and she heard them tell many good things about the prince
Cela la rendait heureuse de lui avoir sauvé la vie
this made her glad that she had saved his life
quand il a été ballotté à moitié mort sur les vagues
when he was tossed around half dead on the waves
Elle se rappela comment sa tête s'était appuyée sur sa poitrine
She remembered how his head had rested on her bosom
et elle se rappela avec quelle cordialité elle l'avait embrassé
and she remembered how heartily she had kissed him
mais il ne savait rien de tout ce qui s'était passé
but he knew nothing of all that had happened
Le jeune prince ne pouvait même pas rêver de la petite sirène
the young prince could not even dream of the little mermaid

Elle a appris à aimer de plus en plus les êtres humains
She grew to like human beings more and more
Elle souhaitait de plus en plus pouvoir errer dans leur monde
she wished more and more to be able to wander their world

Leur monde semblait tellement plus grand que le sien
their world seemed to be so much larger than her own
Ils pouvaient voler au-dessus de la mer dans des navires
They could fly over the sea in ships
et ils pouvaient gravir les hautes collines bien au-dessus des nuages
and they could mount the high hills far above the clouds
Sur leurs terres, ils possédaient des bois et des champs
in their lands they possessed woods and fields
La verdure s'étendait au-delà de la portée de sa vue
the greenery stretched beyond the reach of her sight
Il y avait tant de choses qu'elle désirait savoir!
There was so much that she wished to know!
Mais ses sœurs n'ont pas pu répondre à toutes ses questions
but her sisters were unable to answer all her questions
Elle est ensuite allée voir sa vieille grand-mère pour obtenir des réponses
She then went to her old grandmother for answers
Sa grand-mère savait tout sur le monde supérieur
her grandmother knew all about the upper world
C'est à juste titre qu'elle a appelé ce monde «les terres au-dessus de la mer»
she rightly called this world "the lands above the sea"

«Si les êtres humains ne se noient pas, peuvent-ils vivre éternellement?»
"If human beings are not drowned, can they live forever?"
«Est-ce qu'ils ne meurent jamais, comme nous le faisons ici dans la mer?»
"Do they never die, as we do here in the sea?"
— Oui, ils meurent aussi, répondit la vieille dame
"Yes, they die too" replied the old lady
«Comme nous, ils doivent aussi mourir», a ajouté sa grand-mère
"like us, they must also die," added her grandmother
«Et leur vie est encore plus courte que la nôtre»

"and their lives are even shorter than ours"
«Nous vivons parfois trois cents ans»
"We sometimes live for three hundred years"
«Mais quand nous cessons d'exister ici-bas, nous devenons de l'écume»
"but when we cease to exist here we become foam"
«Et nous flottons à la surface de l'eau»
"and we float on the surface of the water"
«Nous n'avons pas de tombes pour ceux que nous aimons»
"we do not have graves for those we love"
«Et nous n'avons pas d'âmes immortelles»
"and we have not immortal souls"
«Après notre mort, nous ne vivrons plus jamais»
"after we die we shall never live again"
«Comme l'algue verte, une fois qu'elle a été coupée»
"like the green seaweed, once it has been cut off"
«Après notre mort, nous ne pourrons plus jamais nous épanouir»
"after we die, we can never flourish more"
«Les êtres humains, au contraire, ont une âme»
"Human beings, on the contrary, have souls"
«Même après leur mort, leurs âmes vivent éternellement»
"even after they're dead their souls live forever"
«Quand nous mourons, notre corps se transforme en écume»
"when we die our bodies turn to foam"
«Quand ils meurent, leurs corps se transforment en poussière»
"when they die their bodies turn to dust"
«Quand nous mourons, nous nous élevons à travers l'eau claire et bleue»
"when we die we rise through the clear, blue water"
«Quand ils meurent, ils s'élèvent dans l'air pur et clair»
"when they die they rise up through the clear, pure air"
«Quand nous mourons, nous ne flottons pas plus loin que la surface»
"when we die we float no further than the surface"

«Mais quand ils meurent, ils vont au-delà des étoiles scintillantes»
"but when they die they go beyond the glittering stars"
«Nous remontons de l'eau à la surface»
"we rise out of the water to the surface"
«Et nous contemplons tout le pays de la terre»
"and we behold all the land of the earth"
«ils s'élèvent vers des régions inconnues et glorieuses»
"they rise to unknown and glorious regions"
«Des régions glorieuses et inconnues que nous ne verrons jamais»
"glorious and unknown regions which we shall never see"
La petite sirène pleurait son manque d'âme
the little mermaid mourned her lack of a soul
«Pourquoi n'avons-nous pas d'âmes immortelles?» demanda la petite sirène
"Why have not we immortal souls?" asked the little mermaid
«Je donnerais volontiers toutes les centaines d'années que j'ai»
"I would gladly give all the hundreds of years that I have"
«J'échangerais tout ça contre un être humain pour une journée»
"I would trade it all to be a human being for one day"
«d'avoir l'espérance de connaître un tel bonheur»
"to have the hope of knowing such happiness"
«Le bonheur de ce monde glorieux au-dessus des étoiles»
"the happiness of that glorious world above the stars"
— Il ne faut pas croire cela, dit la vieille femme
"You must not think that," said the old woman
«Nous croyons que nous sommes beaucoup plus heureux que les humains»
"We believe that we are much happier than the humans"
«Et nous pensons que nous sommes bien mieux lotis que les êtres humains»
"and we believe we are much better off than human beings"

— Je mourrai donc, dit la petite sirène
"So I shall die," said the little mermaid
«étant l'écume de la mer, je serai emporté»
"being the foam of the sea, I shall be washed about"
«Je n'entendrai plus jamais la musique des vagues»
"never again will I hear the music of the waves"
«Je ne verrai plus jamais les jolies fleurs»
"never again will I see the pretty flowers"
«Et je ne verrai plus jamais le soleil rouge»
"nor will I ever again see the red sun"
«Y a-t-il quelque chose que je puisse faire pour gagner une âme immortelle?»
"Is there anything I can do to win an immortal soul?"
— Non, dit la vieille, à moins que...
"No," said the old woman, "unless..."
«Il n'y a qu'une seule façon de gagner une âme»
"there is just one way to gain a soul"
«Un homme doit vous aimer plus qu'il n'aime son père et sa mère»
"a man has to love you more than he loves his father and mother"
«Toutes ses pensées et son amour doivent être fixés sur vous»
"all his thoughts and love must be fixed upon you"
«Il doit promettre d'être fidèle à vous ici et dans l'au-delà»
"he has to promise to be true to you here and hereafter"
«Le prêtre doit placer sa main droite dans la vôtre»
"the priest has to place his right hand in yours"
«Alors l'âme de ton homme glisserait dans ton corps»
"then your man's soul would glide into your body"
«Vous auriez part au bonheur futur de l'humanité»
"you would get a share in the future happiness of mankind"
«Il vous donnerait une âme et garderait la sienne aussi»
"He would give to you a soul and retain his own as well"
«Mais il est impossible que cela se produise un jour»
"but it is impossible for this to ever happen"

«La queue de ton poisson, parmi nous, est considérée comme belle»
"Your fish's tail, among us, is considered beautiful"
«Mais sur terre, la queue de ton poisson est considérée comme laide»
"but on earth your fish's tail is considered ugly"
«Les humains ne savent pas mieux»
"The humans do not know any better"
«Leur norme de beauté est d'avoir deux accessoires robustes»
"their standard of beauty is having two stout props"
«Ces deux robustes étais, ils les appellent leurs jambes»
"these two stout props they call their legs"
La petite sirène soupira devant ce qui semblait être son destin
The little mermaid sighed at what appeared to be her destiny
Et elle regarda tristement la queue de son poisson
and she looked sorrowfully at her fish's tail
— Contentons-nous de ce que nous avons, dit la vieille dame
"Let us be happy with what we have," said the old lady
«Filons et bondissons pendant les trois cents ans»
"let us dart and spring about for the three hundred years"
«Et trois cents ans, c'est vraiment assez long»
"and three hundred years really is quite long enough"
«Après cela, nous pourrons nous reposer d'autant mieux»
"After that we can rest ourselves all the better"
«Ce soir, nous allons avoir un bal de cour»
"This evening we are going to have a court ball"

C'était l'un de ces spectacles splendides que nous ne pouvons jamais voir sur terre
It was one of those splendid sights we can never see on earth
Le bal de la cour se déroulait dans une grande salle de bal
the court ball took place in a large ballroom
Les murs et le plafond étaient en cristal transparent épais
The walls and the ceiling were of thick transparent crystal

Plusieurs centaines d'obus colossaux se dressaient en rangées de chaque côté
Many hundreds of colossal shells stood in rows on each side
certains étaient rouge foncé, d'autres étaient vert herbe
some were deep red, others were grass green
et chacun des obus contenait un feu bleu
and each of the shells had a blue fire in it
Ceux-ci ont illuminé tout le salon et les danseurs
These lighted up the whole salon and the dancers
et les coquillages brillaient à travers les murs
and the shells shone out through the walls
de sorte que la mer était aussi éclairée par leur lumière
so that the sea was also illuminated by their light
D'innombrables poissons, grands et petits, passaient à la nage
Innumerable fishes, great and small, swam past
quelques-unes de leurs écailles brillaient d'un éclat pourpre
some of their scales glowed with a purple brilliance
et d'autres poissons brillaient comme de l'argent et de l'or
and other fishes shone like silver and gold
À travers les salles coulait un large ruisseau
Through the halls flowed a broad stream
et dans le ruisseau dansaient les sirènes et les sirènes
and in the stream danced the mermen and the mermaids
Ils dansaient sur la musique de leur propre chant doux
they danced to the music of their own sweet singing

Personne sur terre n'a d'aussi belles voix qu'elles
No one on earth has such lovely voices as they
mais la petite sirène chantait plus doucement que toutes les autres
but the little mermaid sang more sweetly than all
Toute la cour l'applaudissait à coups de mains et de queues
The whole court applauded her with hands and tails
et, pendant un instant, son cœur se sentit tout à fait heureux
and for a moment her heart felt quite happy

parce qu'elle savait qu'elle avait la voix la plus douce de la mer
because she knew she had the sweetest voice in the sea
Et elle savait qu'elle avait la voix la plus douce sur terre
and she knew she had the sweetest voice on land
Mais bientôt, elle repensa au monde au-dessus d'elle
But soon she thought again of the world above her
Elle ne pouvait oublier le charmant prince
she could not forget the charming prince
Cela lui rappelait qu'il avait une âme immortelle
it reminded her that he had an immortal soul
et elle ne pouvait oublier qu'elle n'avait pas d'âme immortelle
and she could not forget that she had no immortal soul
Elle s'éloigna silencieusement du palais de son père
She crept away silently out of her father's palace
Tout à l'intérieur était plein de joie et de chant
everything within was full of gladness and song
mais elle était assise dans son petit jardin, triste et seule
but she sat in her own little garden, sorrowful and alone
Puis elle entendit le clairon sonner dans l'eau
Then she heard the bugle sounding through the water
et elle pensa : «Il navigue certainement au-dessus»
and she thought, "He is certainly sailing above"
«Lui, le beau prince, en qui se concentrent mes souhaits»
"he, the beautiful prince, in whom my wishes centre"
«Celui entre les mains duquel je voudrais mettre mon bonheur»
"he, in whose hands I should like to place my happiness"
«Je vais tout risquer pour lui, et pour gagner une âme immortelle»
"I will venture all for him, and to win an immortal soul"
«Mes sœurs dansent dans le palais de mon père»
"my sisters are dancing in my father's palace"
«mais j'irai à la sorcière des mers»
"but I will go to the sea witch"

«la sorcière des mers dont j'ai toujours eu si peur»
"the sea witch of whom I have always been so afraid"
«Mais la sorcière des mers peut me donner des conseils et m'aider.»
"but the sea witch can give me counsel, and help"

***

Alors la petite sirène sortit de son jardin
Then the little mermaid went out from her garden
Et elle prit la route des tourbillons écumants
and she took the road to the foaming whirlpools
Derrière les tourbillons écumants vivait la sorcière
behind the foaming whirlpools the sorceress lived
La petite sirène n'était jamais allée dans cette direction auparavant
the little mermaid had never gone that way before
Ni les fleurs ni l'herbe ne poussaient là où elle allait
Neither flowers nor grass grew where she was going
Il n'y avait rien d'autre qu'un sol nu, gris et sablonneux
there was nothing but bare, gray, sandy ground
Cette terre aride s'étendait jusqu'au tourbillon
this barren land stretched out to the whirlpool
L'eau était comme des roues de moulin écumantes
the water was like foaming mill wheels
et les moulins s'emparaient de tout ce qui leur tombait sous la main
and the mills seized everything that came within reach
ils jettent leur proie dans l'abîme insondable
they cast their prey into the fathomless deep
À travers ces tourbillons écrasants, elle devait passer
Through these crushing whirlpools she had to pass
Ce n'est qu'à ce moment-là qu'elle pourrait atteindre les domaines de la sorcière des mers
only then could she reach the dominions of the sea witch
Après cela, il y eut une étendue de boue chaude et

bouillonnante
after this came a stretch of warm, bubbling mire
La sorcière des mers appela la boue bouillonnante sa lande de gazon
the sea witch called the bubbling mire her turf moor

Au-delà de sa lande de gazon se trouvait la maison de la sorcière
Beyond her turf moor was the witch's house
Sa maison se dressait au milieu d'une forêt étrange
her house stood in the centre of a strange forest
Dans cette forêt, tous les arbres et toutes les fleurs étaient des polypes
in this forest all the trees and flowers were polypi
mais ils n'étaient qu'à moitié végétaux ; l'autre moitié était animale
but they were only half plant; the other half was animal
Ils ressemblaient à des serpents à cent têtes
They looked like serpents with a hundred heads
et chaque serpent sortait de terre
and each serpent was growing out of the ground
Leurs branches étaient de longs bras visqueux
Their branches were long, slimy arms
et ils avaient des doigts comme des vers flexibles
and they had fingers like flexible worms
chacun de leurs membres, de la racine au sommet, se déplaçait
each of their limbs, from the root to the top, moved
Tout ce qui pouvait être atteint dans la mer, ils s'en emparèrent
All that could be reached in the sea they seized upon
et ce qu'ils attrapaient, ils s'y accrochaient fermement
and what they caught they held on tightly to
pour qu'il n'échappe jamais à leurs griffes
so that it never escaped from their clutches

La petite sirène fut alarmée par ce qu'elle vit
she stood still and her heart beat with fear
Elle resta immobile et son cœur battit de peur
she stood still and her heart beat with fear
Elle a failli rebrousser chemin
She came very close to turning back
mais elle pensa au beau prince
but she thought of the beautiful prince
et la pensée de l'âme humaine à laquelle elle aspirait
and the thought of the human soul for which she longed
À ces pensées, son courage lui revint
with these thoughts her courage returned
Elle attacha ses longs cheveux flottants autour de sa tête
She fastened her long, flowing hair round her head
de sorte que le polype ne pouvait pas s'agripper à ses cheveux
so that the polypi could not grab hold of her hair
Et elle croisa les mains sur sa poitrine
and she crossed her hands across her bosom
Et puis elle s'élança comme un poisson dans l'eau
and then she darted forward like a fish through the water
entre les bras souples et les doigts des vilains polypes
between the supple arms and fingers of the ugly polypi
ils étaient étendus de chaque côté d'elle
they were stretched out on each side of her
Elle vit qu'ils tenaient tous quelque chose à leur portée
She saw that they all held something in their grasp
quelque chose qu'ils avaient saisi avec leurs nombreux petits bras
something they had seized with their numerous little arms
C'étaient des squelettes blancs d'êtres humains
they were were white skeletons of human beings
marins qui avaient péri en mer dans les tempêtes
sailors who had perished at sea in storms
et ils s'étaient enfoncés dans les eaux profondes
and they had sunk down into the deep waters

et il y avait des squelettes d'animaux terrestres
and there were skeletons of land animals
et il y avait des rames, des gouvernails et des coffres de navires
and there were oars, rudders, and chests of ships
Il y avait même une petite sirène qu'ils avaient attrapée
There was even a little mermaid whom they had caught
La pauvre sirène a dû être étranglée par les mains
the poor mermaid must have been strangled by the hands
Cela lui paraissait le plus choquant de tous
to her this seemed the most shocking of all

Finalement, elle arriva à un espace de terrain marécageux dans les bois
finally, she came to a space of marshy ground in the woods
Ici, il y avait de gros serpents d'eau gras qui se roulaient dans la boue
here there were large fat water snakes rolling in the mire
Les serpents montraient leurs corps laids et ternes
the snakes showed their ugly, drab-colored bodies
Au milieu de cet endroit s'élevait une maison
In the midst of this spot stood a house
La maison a été construite avec les ossements d'êtres humains naufragés
the house was built of the bones of shipwrecked human beings
Et dans la maison était assise la sorcière de la mer
and in the house sat the sea witch
Elle permettait à un crapaud de manger de sa bouche
she was allowing a toad to eat from her mouth
Tout comme lorsque les gens nourrissent un canari avec des morceaux de sucre
just like when people feed a canary with pieces of sugar
Elle appelait les vilains serpents d'eau ses petits poulets
She called the ugly water snakes her little chickens
et elle les laissa ramper sur son sein
and she allowed them to crawl all over her bosom

«Je sais ce que tu veux,» dit la sorcière des mers
"I know what you want," said the sea witch
«C'est très stupide de votre part de vouloir une chose pareille»
"It is very stupid of you to want such a thing"
«Mais tu feras ce que tu veux, aussi stupide soit-il»
"but you shall have your way, however stupid it is"
— Mais cela vous fera du chagrin, ma jolie princesse.
"though it will bring you to sorrow, my pretty princess"
«Tu veux te débarrasser de la queue de ta sirène»
"You want to get rid of your mermaid's tail"
«Et vous voulez avoir deux supports à la place»
"and you want to have two supports instead"
«Cela vous rendra comme les êtres humains sur terre»
"this will make you like the human beings on earth"
«Et alors le jeune prince pourrait tomber amoureux de toi»
"and then the young prince might fall in love with you"
«Et alors tu auras peut-être une âme immortelle»
"and then you might have an immortal soul"
La sorcière se mit à rire bruyamment et d'un air dégoûtant
the witch laughed loud and disgustingly
Le crapaud et les serpents tombèrent à terre
the toad and the snakes fell to the ground
Et ils étaient couchés là, se tortillant sur le sol
and they lay there wriggling on the floor
«Tu n'arrives qu'à temps, dit la sorcière
"You are but just in time," said the witch
«Après le lever du soleil demain, il aurait été trop tard»
"after sunrise tomorrow it would have been too late"
«Je ne pourrai pas t'aider avant la fin d'une autre année»
"I would not be able to help you till the end of another year"
«Je vais te préparer une potion»
"I will prepare a potion for you"
«Nagez jusqu'à la terre demain, avant le lever du soleil
"swim up to the land tomorrow, before sunrise
«Asseyez-vous là et buvez la potion»

"seat yourself there and drink the potion"
«Après l'avoir bu, votre queue disparaîtra»
"after you drink it your tail will disappear"
«Et alors tu auras ce que les hommes appellent des jambes»
"and then you will have what men call legs"

«Tout le monde dira que tu es la plus jolie fille du monde»
"all will say you are the prettiest girl in the world"
«Mais pour cela, vous devrez endurer de grandes douleurs»
"but for this you will have to endure great pain"
«Ce sera comme si une épée te traversait»
"it will be as if a sword were passing through you"
«Vous aurez toujours la même grâce de mouvement»
"You will still have the same gracefulness of movement"
«Ce sera comme si vous flottiez au-dessus du sol»
"it will be as if you are floating over the ground"
«Et aucun danseur ne marchera jamais aussi légèrement que vous»
"and no dancer will ever tread as lightly as you"
«Mais chaque pas que vous ferez vous causera une grande douleur»
"but every step you take will cause you great pain"
«Ce sera comme si vous marchiez sur des couteaux tranchants»
"it will be as if you were treading upon sharp knives"
«Si tu supportes toutes ces souffrances, je t'aiderai»
"If you bear all this suffering, I will help you"
La petite sirène pensa au prince
the little mermaid thought of the prince
et elle songeait au bonheur d'une âme immortelle
and she thought of the happiness of an immortal soul
— Oui, je le ferai, dit la petite princesse
"Yes, I will," said the little princess
Mais, comme vous pouvez l'imaginer, sa voix tremblait de peur
but, as you can imagine, her voice trembled with fear

«Ne vous précipitez pas là-dedans, dit la sorcière
"do not rush into this," said the witch
«Une fois que vous avez la forme d'un humain, vous ne pouvez jamais revenir»
"once you are shaped like a human, you can never return"
«Et tu ne prendras plus jamais la forme d'une sirène»
"and you will never again take the form of a mermaid"
«Tu ne retourneras jamais à travers l'eau vers tes sœurs»
"You will never return through the water to your sisters"
«Et tu n'iras plus jamais au palais de ton père»
"nor will you ever go to your father's palace again"
«Tu devras gagner l'amour du prince»
"you will have to win the love of the prince"
«Il doit être prêt à oublier son père et sa mère pour toi»
"he must be willing to forget his father and mother for you"
«Et il faut qu'il t'aime de toute son âme»
"and he must love you with all of his soul"
«Il faut que le prêtre joigne vos mains»
"the priest must join your hands together"
«Et il faut qu'il fasse de vous un homme et une femme dans le saint mariage»
"and he must make you man and wife in holy matrimony"
«Ce n'est qu'alors que tu auras une âme immortelle»
"only then will you have an immortal soul"
«Mais tu ne dois jamais lui permettre d'en épouser une autre»
"but you must never allow him to marry another"
«Le lendemain matin après qu'il en aura épousé une autre, ton cœur se brisera»
"the morning after he marries another, your heart will break"
«Et tu deviendras écume sur la crête des vagues»
"and you will become foam on the crest of the waves"
La petite sirène devint pâle comme la mort
the little mermaid became as pale as death
— Je le ferai, dit la petite sirène
"I will do it," said the little mermaid

— **Mais il faut que je sois payée aussi, dit la sorcière**
"But I must be paid, also," said the witch
«**Et ce n'est pas une bagatelle que je demande**»
"and it is not a trifle that I ask for"
«**Tu as la voix la plus douce de tous ceux qui habitent ici**»
"You have the sweetest voice of any who dwell here"
«**Tu crois que tu peux charmer le prince avec ta voix**»
"you believe that you can charm the prince with your voice"
«**Mais ta belle voix, tu dois me la donner**»
"But your beautiful voice you must give to me"
«**La meilleure chose que tu possèdes, c'est le prix de ma potion**»
"The best thing you possess is the price of my potion"
«**La potion doit être mélangée à mon propre sang**»
"the potion must be mixed with my own blood"
«**Ce n'est qu'ainsi qu'il est aussi tranchant qu'une épée à double tranchant**»
"only this makes it as sharp as a two-edged sword"

La Petite Sirène essaya de s'opposer au coût
the little mermaid tried to object to the cost
«**Mais si tu m'enlèves ma voix... dit la petite sirène**
"But if you take away my voice..." said the little mermaid
«**Si tu m'enlèves ma voix, que me reste-t-il?**»
"if you take away my voice, what is left for me?"
«**Ta belle forme**», suggéra la sorcière des mers
"Your beautiful form," suggested the sea witch
«**Ta démarche gracieuse et tes yeux expressifs**»
"your graceful walk, and your expressive eyes"
«**Sûrement, avec ceux-ci, vous pouvez enchaîner le cœur d'un homme?**»
"Surely, with these you can enchain a man's heart?"
«**Eh bien, as-tu perdu courage?**» demanda la sorcière des mers
"Well, have you lost your courage?" the sea witch asked
«**Tire ta petite langue, afin que je puisse la couper**»

"Put out your little tongue, so that I can cut it off"
«Alors tu auras la potion puissante»
"then you shall have the powerful potion"
— Il en sera ainsi, dit la petite sirène
"It shall be," said the little mermaid

Puis la sorcière posa son chaudron sur le feu
Then the witch placed her caldron on the fire
«La propreté est une bonne chose, dit la sorcière des mers
"Cleanliness is a good thing," said the sea witch
Elle fouilla les récipients à la recherche du bon serpent
she scoured the vessels for the right snake
Tous les serpents avaient été attachés ensemble en un gros nœud
all the snakes had been tied together in a large knot
Puis elle se piqua la poitrine
Then she pricked herself in the breast
Et elle laissa tomber le sang noir dans le chaudron
and she let the black blood drop into the caldron
La vapeur qui s'élevait se tordait en formes horribles
The steam that rose twisted itself into horrible shapes
Personne ne pouvait regarder les formes sans crainte
no person could look at the shapes without fear
À chaque instant, la sorcière jetait de nouveaux ingrédients dans le récipient
Every moment the witch threw new ingredients into the vessel
Finalement, avec tout ce qu'il y avait à l'intérieur, le chaudron commença à bouillir
finally, with everything inside, the caldron began to boil
Il y avait le bruit comme les pleurs d'un crocodile
there was the sound like the weeping of a crocodile
Et enfin la potion magique était prête
and at last the magic potion was ready
Malgré ses ingrédients, elle ressemblait à l'eau la plus claire
despite its ingredients, it looked like the clearest water
«Voilà, tout pour toi», dit la sorcière

"There it is, all for you," said the witch
Et puis elle coupa la langue de la petite sirène
and then she cut off the little mermaid's tongue
de sorte que la petite sirène ne pouvait plus jamais parler, ni chanter
so that the little mermaid could never again speak, nor sing
«Les polypes pourraient essayer de vous attraper en sortant»
"the polypi might try and grab you on the way out"
«S'ils essaient, jetez-leur quelques gouttes de potion»
"if they try, throw over them a few drops of the potion"
«Et leurs doigts seront déchirés en mille morceaux»
"and their fingers will be torn into a thousand pieces"
Mais la petite sirène n'avait pas besoin de faire cela
But the little mermaid had no need to do this
Les polypes reculèrent de terreur en la voyant
the polypi sprang back in terror when they saw her
Ils virent qu'elle avait perdu sa langue à cause de la sorcière des mers
they saw she had lost her tongue to the sea witch
Et ils virent qu'elle portait la potion
and they saw she was carrying the potion
La potion brillait dans sa main comme une étoile scintillante
the potion shone in her hand like a twinkling star

Elle traversa donc rapidement le bois et le marais
So she passed quickly through the wood and the marsh
Et elle passa entre les tourbillons tumultueux
and she passed between the rushing whirlpools
Bientôt, elle retourna au palais de son père
soon she made it back to the palace of her father
Toutes les torches de la salle de bal étaient éteintes
all the torches in the ballroom were extinguished
Tout ce qui se trouve à l'intérieur du palais doit maintenant être endormi
all within the palace must now be asleep
Mais elle n'entra pas pour les voir

But she did not go inside to see them
Elle savait qu'elle allait les quitter pour toujours
she knew she was going to leave them forever
Et elle savait que son cœur se briserait si elle les voyait
and she knew her heart would break if she saw them
Elle entra une dernière fois dans le jardin
she went into the garden one last time
et elle prit une fleur de chacune de ses sœurs
and she took a flower from each one of her sisters
Et puis elle s'est élevée à travers les eaux bleu foncé
and then she rose up through the dark-blue waters

***

La petite sirène arriva au palais princier
the little mermaid arrived at the prince's palace
Le soleil ne s'était pas encore levé de la mer
the the sun had not yet risen from the sea
et la lune brillait claire et brillante dans la nuit
and the moon shone clear and bright in the night
La petite sirène s'assit sur les belles marches de marbre
the little mermaid sat at the beautiful marble steps
Et puis la petite sirène a bu la potion magique
and then the little mermaid drank the magic potion
Elle sentit la coupure d'une épée à deux tranchants la transpercer
she felt the cut of a two-edged sword cut through her
et elle tomba évanouie, et resta comme morte
and she fell into a swoon, and lay like one dead
Le soleil s'est levé de la mer et a brillé sur la terre
the sun rose from the sea and shone over the land
Elle s'est rétablie et a ressenti la douleur de la coupure
she recovered and felt the pain from the cut
mais devant elle se tenait le beau jeune prince
but before her stood the handsome young prince

Il fixa ses yeux noirs comme du charbon sur la petite sirène
He fixed his coal-black eyes upon the little mermaid
Il le regarda avec tant d'insistance qu'elle baissa les yeux
he looked so earnestly that she cast down her eyes
Et puis elle s'est rendu compte que la queue de son poisson avait disparu
and then she became aware that her fish's tail was gone
Elle vit qu'elle avait la plus jolie paire de jambes blanches
she saw that she had the prettiest pair of white legs
Et elle avait de minuscules pieds, comme n'importe quelle petite fille en aurait
and she had tiny feet, as any little maiden would have
Mais, venant de la mer, elle n'avait pas de vêtements
But, having come from the sea, she had no clothes
Alors elle s'enveloppa dans ses longs cheveux épais
so she wrapped herself in her long, thick hair
Le prince lui demanda qui elle était et d'où elle venait
The prince asked her who she was and whence she came
Elle le regarda d'un air doux et triste
She looked at him mildly and sorrowfully
Mais elle devait répondre avec ses yeux d'un bleu profond
but she had to answer with her deep blue eyes
parce que la petite sirène ne pouvait plus parler
because the little mermaid could not speak anymore
Il la prit par la main et la conduisit au palais
He took her by the hand and led her to the palace

Chaque pas qu'elle faisait était comme la sorcière l'avait dit
Every step she took was as the witch had said it would be
Elle avait l'impression de marcher sur des couteaux tranchants
she felt as if she were treading upon sharp knives
Cependant, elle supporta volontiers la douleur du sortilège
She bore the pain of the spell willingly, however
et elle se déplaçait à côté du prince aussi légèrement qu'une bulle

and she moved at the prince's side as lightly as a bubble
Tous ceux qui la voyaient s'étonnaient de ses mouvements gracieux et chaloupés
all who saw her wondered at her graceful, swaying movements
Elle fut bientôt vêtue de robes coûteuses de soie et de mousseline
She was very soon arrayed in costly robes of silk and muslin
et c'était la plus belle créature du palais
and she was the most beautiful creature in the palace
mais elle paraissait muette, et ne pouvait ni parler ni chanter
but she appeared dumb, and could neither speak nor sing

Il y avait de belles esclaves féminines, vêtues de soie et d'or
there were beautiful female slaves, dressed in silk and gold
Ils se sont avancés et ont chanté devant la famille royale
they stepped forward and sang in front of the royal family
Chaque esclave pouvait chanter mieux que le suivant
each slave could sing better than the next one
Et le prince battit des mains et lui sourit
and the prince clapped his hands and smiled at her
Ce fut un grand chagrin pour la petite sirène
This was a great sorrow to the little mermaid
Elle savait à quel point elle était capable de chanter avec plus de douceur
she knew how much more sweetly she was able to sing
«Si seulement il savait que j'ai donné ma voix pour être avec lui!»
"if only he knew I have given away my voice to be with him!"

Il y avait de la musique jouée par un orchestre
there was music being played by an orchestra
et les esclaves exécutaient de jolies danses féeriques
and the slaves performed some pretty, fairy-like dances
Alors la petite sirène leva ses beaux bras blancs
Then the little mermaid raised her lovely white arms

Elle se tenait sur la pointe des pieds comme une ballerine
she stood on the tips of her toes like a ballerina
et elle glissa sur le sol comme un oiseau sur l'eau
and she glided over the floor like a bird over water
Et elle dansait comme personne n'avait encore su danser
and she danced as no one yet had been able to dance
À chaque instant, sa beauté se révélait davantage
At each moment her beauty was more revealed
Ce qu'il y avait de plus attrayant pour le cœur, c'étaient ses yeux expressifs
most appealing of all, to the heart, were her expressive eyes
Tout le monde était enchanté par elle, surtout le prince
Everyone was enchanted by her, especially the prince
Le prince l'appelait son petit enfant trouvé sourd
the prince called her his deaf little foundling
Et elle continua joyeusement à danser, pour plaire au prince
and she happily continued to dance, to please the prince
mais il faut se souvenir de la douleur qu'elle a endurée pour son plaisir
but we must remember the pain she endured for his pleasure
Chaque pas sur le sol lui donnait l'impression de marcher sur des couteaux tranchants
every step on the floor felt as if she trod on sharp knives

Le prince lui dit qu'elle devait toujours rester avec lui
The prince said she should remain with him always
et elle a reçu la permission de coucher à sa porte
and she was given permission to sleep at his door
Ils lui apportèrent un coussin de velours pour qu'elle puisse s'y allonger
they brought a velvet cushion for her to lie on
et le prince lui fit faire une robe de page
and the prince had a page's dress made for her
De cette façon, elle pouvait l'accompagner à cheval
this way she could accompany him on horseback
Ils chevauchèrent ensemble à travers les bois parfumés

They rode together through the sweet-scented woods
dans les bois, les branches vertes touchaient leurs épaules
in the woods the green branches touched their shoulders
et les petits oiseaux chantaient parmi les feuilles fraîches
and the little birds sang among the fresh leaves
Elle grimpa avec lui jusqu'au sommet des hautes montagnes
She climbed with him to the tops of high mountains
et bien que ses pieds tendres saignaient, elle ne faisait que sourire
and although her tender feet bled, she only smiled
Elle le suivit jusqu'à ce que les nuages fussent au-dessous d'eux
she followed him till the clouds were beneath them
comme une volée d'oiseaux s'envolant vers des contrées lointaines
like a flock of birds flying to distant lands

Quand tout le monde fut endormi, elle s'assit sur les larges marches de marbre
when all were asleep she sat on the broad marble steps
Il soulagea ses pieds brûlants de les baigner dans l'eau froide
it eased her burning feet to bathe them in the cold water
C'est alors qu'elle pensa à tous ceux qui étaient dans la mer
It was then that she thought of all those in the sea
Une fois, pendant la nuit, ses sœurs s'approchèrent, bras dessus bras dessous
Once, during the night, her sisters came up, arm in arm
Ils chantaient tristement en flottant sur l'eau
they sang sorrowfully as they floated on the water
Elle leur fit signe, et ils la reconnurent
She beckoned to them, and they recognized her
Ils lui ont raconté comment ils avaient fait le deuil de leur plus jeune sœur
they told her how they had grieved their youngest sister
Après cela, ils sont venus au même endroit tous les soirs

after that, they came to the same place every night
Une fois, elle aperçut au loin sa vieille grand-mère
Once she saw in the distance her old grandmother
Elle n'était pas remontée à la surface de la mer depuis de nombreuses années
she had not been to the surface of the sea for many years
et le vieux Roi des Mers, son père, avec sa couronne sur la tête
and the old Sea King, her father, with his crown on his head
Lui aussi est venu là où elle pouvait le voir
he too came to where she could see him
Ils tendirent les mains vers elle
They stretched out their hands towards her
mais elles ne s'aventurèrent pas aussi près de la terre que ses sœurs
but they did not venture as near the land as her sisters

À mesure que les jours passaient, elle aimait le prince plus tendrement
As the days passed she loved the prince more dearly
Et il l'aimait comme on aimerait un petit enfant
and he loved her as one would love a little child
Il ne lui vint jamais l'idée d'en faire sa femme
The thought never came to him to make her his wife
Mais, à moins qu'il ne l'épouse, son souhait ne se réaliserait jamais
but, unless he married her, her wish would never come true
À moins qu'il ne l'épouse, elle ne pourrait pas recevoir une âme immortelle
unless he married her she could not receive an immortal soul
et s'il en épousait une autre, ses rêves se briseraient
and if he married another her dreams would shatter
Le lendemain matin de son mariage, elle se dissoudrait
on the morning after his marriage she would dissolve
et la petite sirène deviendrait l'écume de la mer
and the little mermaid would become the foam of the sea

Le prince prit la petite sirène dans ses bras
the prince took the little mermaid in his arms
et il l'embrassa sur le front
and he kissed her on her forehead
Du regard, elle essaya de lui demander
with her eyes she tried to ask him
«Ne m'aimes-tu pas le plus de tous?»
"Do you not love me the most of them all?"
— Oui, vous m'êtes cher, dit le prince
"Yes, you are dear to me," said the prince
«Parce que tu as le meilleur cœur»
"because you have the best heart"
«Et tu es le plus dévoué à moi»
"and you are the most devoted to me"
«Tu es comme une jeune fille que j'ai vue autrefois»
"You are like a young maiden whom I once saw"
«Mais je ne reverrai plus jamais cette jeune fille»
"but I shall never meet this young maiden again"
«J'étais dans un bateau qui a fait naufrage»
"I was in a ship that was wrecked"
«Et les vagues m'ont jeté sur le rivage près d'un temple saint»
"and the waves cast me ashore near a holy temple"
«Au temple, plusieurs jeunes filles ont célébré le service»
"at the temple several young maidens performed the service"
«La plus jeune des jeunes filles m'a trouvé sur le rivage»
"The youngest maiden found me on the shore"
«Et la plus jeune des jeunes filles m'a sauvé la vie»
"and the youngest of the maidens saved my life"
«Je ne l'ai vue que deux fois», a-t-il expliqué
"I saw her but twice," he explained
«Et c'est la seule au monde que je pourrais aimer»
"and she is the only one in the world whom I could love"
«Mais tu es comme elle», rassura-t-il la petite sirène
"But you are like her," he reassured the little mermaid
«Et tu as presque chassé son image de mon esprit»

"and you have almost driven her image from my mind"
«Elle appartient au saint temple»
"She belongs to the holy temple"
«La bonne fortune t'a envoyé à ma place»
"good fortune has sent you instead of her to me"
«Nous ne nous séparerons jamais», réconforta-t-il la petite sirène
"We will never part," he comforted the little mermaid

Mais la petite sirène ne put s'empêcher de soupirer
but the little mermaid could not help but sigh
«il ne sait pas que c'est moi qui lui ai sauvé la vie»
"he knows not that it was I who saved his life"
«Je l'ai porté de l'autre côté de la mer jusqu'à l'endroit où se trouve le temple»
"I carried him over the sea to where the temple stands"
«Je me suis assis sous l'écume jusqu'à ce que l'humain vienne l'aider»
"I sat beneath the foam till the human came to help him"
«J'ai vu la jolie jeune fille qu'il aime»
"I saw the pretty maiden that he loves"
«La jolie jeune fille qu'il aime plus que moi»
"the pretty maiden that he loves more than me"
La sirène soupira profondément, mais elle ne pouvait pas pleurer
The mermaid sighed deeply, but she could not weep
«Il dit que la jeune fille appartient au saint temple»
"He says the maiden belongs to the holy temple"
«C'est pourquoi elle ne reviendra jamais dans le monde»
"therefore she will never return to the world"
«Ils ne se reverront plus», espérait la petite sirène
"they will meet no more," the little mermaid hoped
«Je suis à ses côtés et je le vois tous les jours»
"I am by his side and see him every day"
«Je prendrai soin de lui et je l'aimerai»
"I will take care of him, and love him"

«Et je donnerai ma vie pour lui»
"and I will give up my life for his sake"

Très vite, on dit que le prince devait se marier
Very soon it was said that the prince was to marry
Il y avait là la belle fille d'un roi voisin
there was the beautiful daughter of a neighbouring king
On disait qu'elle serait sa femme
it was said that she would be his wife
Pour l'occasion, on armait un beau navire
for the occasion a fine ship was being fitted out
Le prince dit qu'il n'avait l'intention que de rendre visite au roi
the prince said he intended only to visit the king
Ils pensaient qu'il n'y allait que pour rencontrer la princesse
they thought he was only going so as to meet the princess
La petite sirène sourit et secoua la tête
The little mermaid smiled and shook her head
Elle connaissait mieux que les autres les pensées du prince
She knew the prince's thoughts better than the others

«Il faut que je voyage», lui avait-il dit
"I must travel," he had said to her
«Il faut que je voie cette belle princesse»
"I must see this beautiful princess"
«Mes parents veulent que j'aille la voir
"My parents want me to go and see her
«Mais ils ne m'obligeront pas à la ramener à la maison comme épouse»
"but they will not oblige me to bring her home as my bride"
«tu sais que je ne peux pas l'aimer»
"you know that I cannot love her"
«Parce qu'elle n'est pas comme la belle jeune fille dans le temple»
"because she is not like the beautiful maiden in the temple"
«la belle jeune fille à laquelle tu ressembles»

"the beautiful maiden whom you resemble"
«Si j'étais obligé de choisir une épouse, je te choisirais»
"If I were forced to choose a bride, I would choose you"
«Mon enfant sourd trouvé, avec ces yeux expressifs»
"my deaf foundling, with those expressive eyes"
Puis il embrassa sa bouche rose
Then he kissed her rosy mouth
Et il jouait avec ses longs cheveux ondulants
and he played with her long, waving hair
Et il posa sa tête sur son cœur
and he laid his head on her heart
Elle rêvait d'un bonheur humain et d'une âme immortelle
she dreamed of human happiness and an immortal soul

Ils se tenaient sur le pont du noble navire
they stood on the deck of the noble ship
«Vous n'avez pas peur de la mer, n'est-ce pas?» dit-il
"You are not afraid of the sea, are you?" he said
Le navire devait les transporter dans le pays voisin
the ship was to carry them to the neighbouring country
Puis il lui parla d'orages et de calmes
Then he told her of storms and of calms
Il lui parla d'étranges poissons dans les profondeurs de l'eau
he told her of strange fishes deep beneath the water
et il lui raconta ce que les plongeurs avaient vu là
and he told her of what the divers had seen there
Elle sourit à ses descriptions, légèrement amusée
She smiled at his descriptions, slightly amused
elle savait mieux quelles merveilles il y avait au fond de la mer
she knew better what wonders were at the bottom of the sea

La petite sirène était assise sur le pont au clair de lune
the little mermaid sat on the deck at moonlight
Tout le monde dormait à bord, sauf l'homme à la barre
all on board were asleep, except the man at the helm

Et elle regarda à travers l'eau claire
and she gazed down through the clear water
Elle crut distinguer le château de son père
She thought she could distinguish her father's castle
et dans le château elle pouvait voir sa grand-mère âgée
and in the castle she could see her aged grandmother
Puis ses sœurs sont sorties des flots
Then her sisters came out of the waves
Et ils regardèrent tristement leur sœur
and they gazed at their sister mournfully
Elle fit signe à ses sœurs et sourit
She beckoned to her sisters, and smiled
Elle voulait leur dire à quel point elle était heureuse et aisée
she wanted to tell them how happy and well off she was
Mais le garçon de cabine s'est approché et ses sœurs ont plongé
But the cabin boy approached and her sisters dived down
Il pensait que ce qu'il voyait était l'écume de la mer
he thought what he saw was the foam of the sea

Le lendemain matin, le navire entra dans le port
The next morning the ship got into the harbour
Ils étaient arrivés dans une belle ville côtière
they had arrived in a beautiful coastal town
À leur arrivée, ils ont été accueillis par les cloches de l'église
on their arrival they were greeted by church bells
et des hautes tours retentissait une fanfare de trompettes
and from the high towers sounded a flourish of trumpets
soldats bordaient les routes qu'ils traversaient
soldiers lined the roads through which they passed
Des soldats, avec brio et baïonnettes scintillantes
Soldiers, with flying colors and glittering bayonets
Chaque jour où ils étaient là, il y avait un festival
Every day that they were there there was a festival
Des bals et des animations ont été organisés pour l'occasion
balls and entertainments were organised for the event

Mais la princesse n'avait pas encore fait son apparition
But the princess had not yet made her appearance
Elle avait été élevée et éduquée dans une maison religieuse
she had been brought up and educated in a religious house
Elle apprenait toutes les vertus royales d'une princesse
she was learning every royal virtue of a princess

Enfin, la princesse fit son apparition royale
At last, the princess made her royal appearance
La petite sirène avait hâte de la voir
The little mermaid was anxious to see her
Il fallait qu'elle sache si elle était vraiment belle
she had to know whether she really was beautiful
Elle était obligée d'admettre qu'elle était vraiment belle
she was obliged to admit she really was beautiful
Elle n'avait jamais vu une vision plus parfaite de la beauté
she had never seen a more perfect vision of beauty
Sa peau était délicatement claire
Her skin was delicately fair
et ses yeux bleus rieurs brillaient de vérité et de pureté
and her laughing blue eyes shone with truth and purity
— C'était vous, dit le prince
"It was you," said the prince
«Tu m'as sauvé la vie quand j'étais allongé comme mort sur la plage»
"you saved my life when I lay as if dead on the beach"
«Et il tenait dans ses bras sa fiancée rougissante»
"and he held his blushing bride in his arms"

«Oh! je suis trop heureux!» dit-il à la petite sirène
"Oh, I am too happy!" said he to the little mermaid
«Mes espoirs les plus chers sont maintenant exaucés»
"my fondest hopes are now fulfilled"
«Vous vous réjouirez de mon bonheur»
"You will rejoice at my happiness"
«Parce que votre dévotion pour moi est grande et sincère»

"because your devotion to me is great and sincere"
La petite sirène baisa la main du prince
The little mermaid kissed the prince's hand
Et elle avait l'impression que son cœur était déjà brisé
and she felt as if her heart were already broken
Le matin de ses noces lui apporterait la mort
His wedding morning would bring death to her
Elle savait qu'elle allait devenir l'écume de la mer
she knew she was to become the foam of the sea

Le son des cloches de l'église résonnait dans toute la ville
the sound of the church bells rang through the town
Les hérauts parcouraient la ville en proclamant les fiançailles
the heralds rode through the town proclaiming the betrothal
On brûlait de l'huile parfumée dans des lampes d'argent sur chaque autel
Perfumed oil was burned in silver lamps on every altar
Les prêtres agitèrent les encensoirs au-dessus du couple
The priests waved the censers over the couple
et l'épouse et l'époux joignirent leurs mains
and the bride and the bridegroom joined their hands
et ils reçurent la bénédiction de l'évêque
and they received the blessing of the bishop
La petite sirène était vêtue de soie et d'or
The little mermaid was dressed in silk and gold
Elle souleva la robe de la mariée, dans une grande douleur
she held up the bride's dress, in great pain
mais ses oreilles n'entendaient rien de la musique de fête
but her ears heard nothing of the festive music
et ses yeux ne virent pas la sainte cérémonie
and her eyes saw not the holy ceremony
Elle pensa à la nuit de la mort qui venait à elle
She thought of the night of death coming to her
et elle pleurait tout ce qu'elle avait perdu dans le monde
and she mourned for all she had lost in the world

***

Ce soir-là, la mariée et le marié montèrent à bord du navire
that evening the bride and bridegroom boarded the ship
Les canons du navire rugissaient pour célébrer l'événement
the ship's cannons were roaring to celebrate the event
et tous les drapeaux du royaume flottaient
and all the flags of the kingdom were waving
Au centre du navire, une tente avait été dressée
in the centre of the ship a tent had been erected
Dans la tente se trouvaient les canapés-lits pour les jeunes mariés
in the tent were the sleeping couches for the newlyweds
Les vents étaient favorables à la navigation sur la mer calme
the winds were favourable for navigating the calm sea
et le vaisseau glissait aussi doucement que les oiseaux du ciel
and the ship glided as smoothly as the birds of the sky

À la tombée de la nuit, un certain nombre de lampes colorées s'allumèrent
When it grew dark, a number of colored lamps were lighted
Les marins et la famille royale dansaient joyeusement sur le pont
the sailors and royal family danced merrily on the deck
La petite sirène ne put s'empêcher de penser à son anniversaire
The little mermaid could not help thinking of her birthday
le jour où elle est sortie de la mer pour la première fois
the day that she rose out of the sea for the first time
Des festivités joyeuses similaires ont été célébrées ce jour-là
similar joyful festivities were celebrated on that day
Elle pensa à l'émerveillement et à l'espoir qu'elle avait ressentis ce jour-là
she thought about the wonder and hope she felt that day
Avec ces souvenirs agréables, elle aussi s'est jointe à la

danse
with those pleasant memories, she too joined in the dance
Sur ses pieds douloureux, elle s'éleva dans les airs
on her paining feet, she poised herself in the air
la façon dont une hirondelle se tient en équilibre lorsqu'elle est poursuivie par une proie
the way a swallow poises itself when in pursued of prey
Les matelots et les domestiques l'acclamèrent avec étonnement
the sailors and the servants cheered her wonderingly
Elle n'avait jamais dansé avec autant de grâce
She had never danced so gracefully before
Ses pieds tendres semblaient avoir été coupés avec des couteaux tranchants
Her tender feet felt as if cut with sharp knives
mais elle se souciait peu de la douleur de ses pieds
but she cared little for the pain of her feet
Il y avait une douleur beaucoup plus aiguë qui transperçait son cœur
there was a much sharper pain piercing her heart

Elle savait que c'était la dernière soirée où elle le verrait
She knew this was the last evening she would ever see him
le prince pour qui elle avait abandonné sa famille et sa patrie
the prince for whom she had forsaken her kindred and home
Elle avait abandonné sa belle voix pour lui
She had given up her beautiful voice for him
et chaque jour elle avait souffert pour lui des souffrances inouïes
and every day she had suffered unheard-of pain for him
Elle souffrait tout cela, tandis qu'il ne savait rien de sa douleur
she suffered all this, while he knew nothing of her pain
C'était le dernier soir qu'elle respirait le même air que lui
it was the last evening she would breath the same air as him

C'était le dernier soir où elle contemplerait le même ciel étoilé
it was the last evening she would gaze on the same starry sky
C'était le dernier soir où elle contemplerait les profondeurs de la mer
it was the last evening she would gaze into the deep sea
C'était le dernier soir où elle contemplerait la nuit éternelle
it was the last evening she would gaze into the eternal night
Une nuit éternelle sans pensées ni rêves l'attendait
an eternal night without thoughts or dreams awaited her
Elle était née sans âme, et maintenant elle ne pourrait jamais en gagner une
She was born without a soul, and now she could never win one

Tout n'était que joie et gaieté sur le navire jusqu'à bien après minuit
All was joy and gaiety on the ship until long after midnight
Elle sourit et dansa avec les autres sur le navire royal
She smiled and danced with the others on the royal ship
mais elle dansait tant que la pensée de la mort était dans son cœur
but she danced while the thought of death was in her heart
Elle devait regarder le prince danser avec la princesse
she had to watch the prince dance with the princess
Elle devait regarder quand le prince embrassait sa belle épouse
she had to watch when the prince kissed his beautiful bride
Elle devait la regarder jouer avec les cheveux corbeau du prince
she had to watch her play with the prince's raven hair
Et elle dut les regarder entrer dans la tente, bras dessus bras dessous
and she had to watch them enter the tent, arm in arm

Après leur départ, tous restèrent immobiles à bord du navire
after they had gone all became still on board the ship

Seul le pilote, qui se tenait à la barre, était encore éveillé
only the pilot, who stood at the helm, was still awake
La petite sirène s'appuya sur le bord du vaisseau
The little mermaid leaned on the edge of the vessel
Elle regarda vers l'est pour les premières lueurs du matin
she looked towards the east for the first blush of morning
le premier rayon de l'aurore, qui devait être sa mort
the first ray of the dawn, which was to be her death
De loin, elle vit ses sœurs sortir de la mer
from far away she saw her sisters rising out of the sea
Ils étaient aussi pâles de peur qu'elle
They were as pale with fear as she was
mais leurs beaux cheveux ne flottaient plus au vent
but their beautiful hair no longer waved in the wind
«Nous avons donné nos cheveux à la sorcière», dirent-ils
"We have given our hair to the witch," said they
«Pour que tu n'aies pas à mourir ce soir»
"so that you do not have to die tonight"
«Pour nos cheveux, nous avons obtenu ce couteau»
"for our hair we have obtained this knife"
«Avant que le soleil ne se lève, vous devez utiliser ce couteau»
"Before the sun rises you must use this knife"
«Il faut enfoncer le couteau dans le cœur du prince»
"you must plunge the knife into the heart of the prince"
«Le sang chaud du prince doit tomber sur vos pieds»
"the warm blood of the prince must fall upon your feet"
«Et alors vos pieds pousseront à nouveau ensemble»
"and then your feet will grow together again"
«Là où tu auras des jambes, tu auras à nouveau une queue de poisson»
"where you have legs you will have a fish's tail again"
«Et là où tu étais humaine, tu seras une fois de plus une sirène»
"and where you were human you will once more be a mermaid"

«Alors tu pourras retourner vivre avec nous, sous la mer»
"then you can return to live with us, under the sea"
«Et on te donnera tes trois cents ans de sirène»
"and you will be given your three hundred years of a mermaid"
«Et alors seulement tu seras changé en l'écume salée de la mer»
"and only then will you be changed into the salty sea foam"
— Hâtez-vous donc ; Lui ou vous devez mourir avant le lever du soleil.
"Haste, then; either he or you must die before sunrise"
«Notre vieille grand-mère te pleure jour et nuit»
"our old grandmother mourns for you day and night"
«Ses cheveux blancs tombent»
"her white hair is falling out"
«Comme nos cheveux sont tombés sous les ciseaux de la sorcière»
"just as our hair fell under the witch's scissors"
«Tuez le prince, et revenez», l'implorèrent-ils
"Kill the prince, and come back," they begged her
«Ne voyez-vous pas les premières traînées rouges dans le ciel?»
"Do you not see the first red streaks in the sky?"
«Dans quelques minutes, le soleil se lèvera et tu mourras»
"In a few minutes the sun will rise, and you will die"
Ayant fait de leur mieux, ses sœurs soupirèrent profondément
having done their best, her sisters sighed deeply
Tristement, ses sœurs s'enfoncèrent sous les flots
mournfully her sisters sank back beneath the waves
Et la petite sirène se retrouva avec le couteau dans les mains
and the little mermaid was left with the knife in her hands

Elle tira le rideau cramoisi de la tente
she drew back the crimson curtain of the tent
et dans la tente, elle vit la belle épouse
and in the tent she saw the beautiful bride

Son visage reposait sur la poitrine du prince
her face was resting on the prince's breast
Et puis la petite sirène a regardé le ciel
and then the little mermaid looked at the sky
À l'horizon, l'aube rose devenait de plus en plus brillante
on the horizon the rosy dawn grew brighter and brighter
Elle jeta un coup d'œil au couteau tranchant qu'elle tenait dans ses mains
She glanced at the sharp knife in her hands
Et de nouveau elle fixa les yeux sur le prince
and again she fixed her eyes on the prince
Elle se pencha et baisa son noble front
She bent down and kissed his noble brow
Il murmurait le nom de sa fiancée dans ses rêves
he whispered the name of his bride in his dreams
Il rêvait de la princesse qu'il avait épousée
he was dreaming of the princess he had married
Le couteau tremblait dans la main de la petite sirène
the knife trembled in the hand of the little mermaid
mais elle lança le couteau loin dans les flots
but she flung the knife far into the waves

Là où le couteau est tombé, l'eau est devenue rouge
where the knife fell the water turned red
Les gouttes qui giclaient ressemblaient à du sang
the drops that spurted up looked like blood
Elle jeta un dernier regard sur le prince qu'elle aimait
She cast one last look upon the prince she loved
Le soleil perçait le ciel de ses flèches d'or
the sun pierced the sky with its golden arrows
et elle se jeta du navire dans la mer
and she threw herself from the ship into the sea
La petite sirène sentit son corps se dissoudre en mousse
the little mermaid felt her body dissolving into foam
et tout ce qui remontait à la surface, c'étaient des bulles d'air
and all that rose to the surface were bubbles of air
Les chauds rayons du soleil tombaient sur l'écume froide

the sun's warm rays fell upon the cold foam
mais elle n'avait pas l'impression d'être en train de mourir
but she did not feel as if she were dying
D'une manière étrange, elle sentait la chaleur du soleil éclatant
in a strange way she felt the warmth of the bright sun
Elle a vu des centaines de belles créatures transparentes
she saw hundreds of beautiful transparent creatures
Les créatures flottaient tout autour d'elle
the creatures were floating all around her
À travers eux, elle pouvait voir les voiles blanches des navires
through them she could see the white sails of the ships
et à travers eux, elle vit les nuages rouges dans le ciel
and through them she saw the red clouds in the sky
Leur discours était mélodieux et enfantin
Their speech was melodious and childlike
mais elle ne pouvait pas être entendue par des oreilles mortelles
but it could not be heard by mortal ears
Leurs corps ne pouvaient pas non plus être vus par des yeux mortels
nor could their bodies be seen by mortal eyes
La petite sirène s'aperçut qu'elle leur ressemblait
The little mermaid perceived that she was like them
Et elle sentait qu'elle s'élevait de plus en plus haut
and she felt that she was rising higher and higher
«Où suis-je?» demanda-t-elle, et sa voix semblait éthérée
"Where am I?" asked she, and her voice sounded ethereal
Il n'y a pas de musique terrestre qui puisse l'imiter
there is no earthly music that could imitate her
— Parmi les filles de l'air, répondit l'une d'elles
"Among the daughters of the air," answered one of them
«Une sirène n'a pas d'âme immortelle»
"A mermaid has not an immortal soul"
«Les sirènes ne peuvent pas non plus obtenir d'âmes

immortelles»
"nor can mermaids obtain immortal souls"
«À moins qu'elle ne gagne l'amour d'un être humain»
"unless she wins the love of a human being"
«De la volonté d'un autre dépend son destin éternel»
"on the will of another hangs her eternal destiny"
«Comme vous, nous n'avons pas non plus d'âmes immortelles»
"like you, we do not have immortal souls either"
«Mais nous pouvons obtenir une âme immortelle par nos actes»
"but we can obtain an immortal soul by our deeds"
«Nous volons vers des pays chauds et rafraîchissons l'air étouffant»
"We fly to warm countries and cool the sultry air"
«La chaleur qui détruit l'humanité par la peste»
"the heat that destroys mankind with pestilence"
«Nous portons le parfum des fleurs»
"We carry the perfume of the flowers"
«Et nous répandons la santé et la restauration»
"and we spread health and restoration"

«Depuis trois cents ans, nous parcourons le monde comme ça»
"for three hundred years we travel the world like this"
«Pendant ce temps, nous nous efforçons de faire tout le bien qui est en notre pouvoir»
"in that time we strive to do all the good in our power"
«Quand nous réussissons, nous recevons une âme immortelle»
"when we succeed we receive an immortal soul"
«Et puis, nous aussi, nous participons au bonheur de l'humanité»
"and then we too take part in the happiness of mankind"
«Toi, pauvre petite sirène, tu as fait de ton mieux»
"You, poor little mermaid, have done your best"
«Vous avez essayé de tout votre cœur de faire comme nous»

"you have tried with your whole heart to do as we are doing"
«Vous avez souffert et enduré une douleur énorme»
"You have suffered and endured an enormous pain"
«Par tes bonnes actions, tu t'es élevé dans le monde des esprits»
"by your good deeds you raised yourself to the spirit world"
«Et maintenant tu vivras à nos côtés pendant trois cents ans»
"and now you will live alongside us for three hundred years"
«En luttant comme nous, vous pouvez obtenir une âme immortelle»
"by striving like us, you may obtain an immortal soul"
La petite sirène leva ses yeux glorieux vers le soleil
The little mermaid lifted her glorified eyes toward the sun
Pour la première fois, elle sentit ses yeux se remplir de larmes
for the first time, she felt her eyes filling with tears

Sur le navire qu'elle avait quitté, il y avait de la vie et du bruit
On the ship she had left there was life and noise
Elle vit le prince et sa belle épouse la chercher
she saw the prince and his beautiful bride searched for her
Tristement, ils regardaient l'écume nacrée
Sorrowfully, they gazed at the pearly foam
C'était comme s'ils savaient qu'elle s'était jetée dans les flots
it was as if they knew she had thrown herself into the waves
Sans être vue, elle embrassa le front de la mariée
Unseen, she kissed the forehead of the bride
puis elle se leva avec les autres enfants du ciel
and then she rose with the other children of the air
Ensemble, ils sont allés vers un nuage rose qui flottait au-dessus
together they went to a rosy cloud that floated above

«Après trois cents ans», a commencé à expliquer l'un d'eux
"After three hundred years," one of them started explaining
«Alors nous flotterons dans le royaume des cieux», dit-elle

"then we shall float into the kingdom of heaven," said she
— Et nous y arriverons peut-être même plus tôt, murmura un compagnon
"And we may even get there sooner," whispered a companion
«Sans être vus, nous pouvons entrer dans les maisons où il y a des enfants»
"Unseen we can enter the houses where there are children"
«Dans certaines maisons, nous trouvons de bons enfants»
"in some of the houses we find good children"
«Ces enfants sont la joie de leurs parents»
"these children are the joy of their parents"
«Et ces enfants méritent l'amour de leurs parents»
"and these children deserve the love of their parents"
«De tels enfants raccourcissent la durée de notre probation»
"such children shorten the time of our probation"
«L'enfant ne sait pas quand nous volons dans la pièce»
"The child does not know when we fly through the room"
«Et ils ne savent pas que nous sourions de joie de leur bonne conduite»
"and they don't know that we smile with joy at their good conduct"
«Parce qu'alors notre jugement viendra un jour plus tôt»
"because then our judgement comes one day sooner"
«Mais nous voyons aussi des enfants méchants et méchants»
"But we see naughty and wicked children too"
«Quand nous voyons de tels enfants, nous versons des larmes de douleur»
"when we see such children we shed tears of sorrow"
«Et pour chaque larme que nous versons, un jour s'ajoute à notre temps»
"and for every tear we shed a day is added to our time"

Fin
The End

www.tranzlaty.com

www.ingramcontent.com/pod-product-compliance
Lightning Source LLC
Chambersburg PA
CBHW011953090526
44591CB00020B/2753